Herbert Krebs   Jung oder alt?

**Herbert Krebs**
unter Mitarbeit von Walter Helemann

# Jung oder alt?

## Schalenwild richtig ansprechen

Zweite, durchgesehene Auflage

BLV Verlagsgesellschaft
München Wien Zürich

CIP-Kurztitelaufnahme der Deutschen Bibliothek

**Krebs, Herbert:**
Jung oder alt?: Schalenwild richtig ansprechen / Herbert Krebs. Unter Mitarb. von Walter Helemann. – 2., durchges. Aufl. – München; Wien; Zürich: BLV Verlagsgesellschaft, 1981.
  (BLV Pirsch Buch)
  ISBN 3-405-11938-3

Alle Rechte der Vervielfältigung und Verbreitung einschließlich Film, Funk und Fernsehen sowie der Fotokopie und des auszugsweisen Nachdrucks vorbehalten

© 1979 BLV Verlagsgesellschaft mbH, München 1981

Gesamtherstellung: Georg Wagner, Nördlingen

Printed in Germany · ISBN 3-405-11938-3

# Inhalt

**Vorwort** 7

**Ansprechen – erkennen und entscheiden** 9
Zahlabschuß und Wahlabschuß 9
Von der Natur lernen 9
Der »Blick des Schäfers« 11
Das Geweih kommt ganz zuletzt 13
Ein Wort zur Trophäenjagd« 14
Kontrolle am erlegten Wild 14

**Rehwild** 16
Altersklassen und Geschlechterverhältnis 16
   Bezeichnung der Altersstufen 16
   Im Frühjahr 18
   Führend oder nicht? 20
Setzzeit, Jugendentwicklung 22
Geweihentwicklung 22
Weibliches Rehwild 26
Geweihwechsel 27
Abnützung des Gebisses 28
Gesichtsfärbung und Muffelfleck 30
Ansprechübungen 31
Antworten zu den Ansprechübungen 37
Besondere Beobachtungen 38
Brunfttreiben 39

**Rotwild** 40
Vorkommen, Lebensweise 40
   Bezeichnung der Altersstufen 42
Die Mutterfamilie 44

Kahlwild richtig ansprechen 44
Hirsche unter sich 48
Hirsche richtig ansprechen 52
Altersschätzung nach dem Gebiß 56
Geweihentwicklung 56
Ansprechübungen 59
Antworten zu den Ansprechübungen 63

**Damwild** 64
Vorkommen, Lebensweise 64
Geweihentwicklung 66
Altersmerkmale 68

**Gamswild** 70
Vorkommen, Lebensweise 70
   Bezeichnung der Altersstufen 72
Kruckenwachstum und Altersmerkmale 74

**Muffelwild** 77
Vorkommen, Lebensweise 77
   Bezeichnung der Altersstufen 78
Die Widderschnecken 78

**Schwarzwild** 82
Schwarzwild ist anders 82
Sie lassen sich nicht unterkriegen 84
Waidgerechtigkeit für Verfemte 84
   Bezeichnung der Altersstufen 86
Gebiß und Gewaff 90

**Literaturverzeichnis** 91

# Vorwort

Die Praxis der Jägerausbildung hat gezeigt, daß die gängigen Lehrbücher zwar ein gutes allgemeines Grundwissen vermitteln, aber doch zu wenig anschauliche Beispiele für die schwierige Kunst, die verschiedenen Wildarten richtig *anzusprechen,* bieten können. Das gleiche gilt auch für die ausführlicheren – für den Anfänger meist ohnehin zu speziellen und zu teuren – Monografien über einzelne Wildarten. Was der Anfänger auf diesem Gebiet für sein eigenes Lernen, aber auch der Ausbilder als Erklärungshilfe braucht, sind möglichst anschauliche *Bildbeispiele* mit knappen Beschreibungen der wesentlichen Merkmale.

Aus diesem Bedürfnis heraus hat Herbert Krebs, einer der Altmeister jagdlicher Praxislehre, schon vor vielen Jahren die beiden schmalen Büchlein »*Jung oder alt?*« (über das Rehwild) und »*Schießen oder schonen?*« (über das Rotwild) zusammengestellt. Als es jetzt notwendig wurde, diese Leitfäden abermals neu aufzulegen, hat sich der Verlag dafür entschieden, die bewährte Methode auf die wichtigsten anderen Schalenwildarten auszuweiten und eine zusammenfassende Anleitung über Rehwild, Rotwild, Damwild, Gamswild, Muffelwild und Schwarzwild herauszugeben.

Beim Durchblättern dieses »Bilderbuches« werden die allgemeingültigen Grundsätze des Ansprechens von Schalenwild – und das heißt ja in der Hauptsache das Einordnen in die richtige Altersklasse – noch klarer vor Augen geführt, ebenso wird das Begreifen von Besonderheiten bei einzelnen Wildarten durch den Vergleich erleichtert.

Bei der Neufassung des Textes zu den von Herbert Krebs ausgewählten und zusammengestellten Bildbeispielen kam es darauf an, das Wesentliche in knapper Form so darzustellen, daß gerade dem Anfänger der Blick auf die besonderen, jeweils im Bild dargestellten Merkmale gelenkt wird, daß dabei aber auch der große Zusammenhang mit dem *Leben* des Wildes verdeutlicht wird.

Ein knapper Abriß der Lebensweise der Wildarten soll ebenfalls dem besseren Verständnis für die Ansprechmerkmale sowie für die Grundsätze der amtlichen *Bejagungsplanung* dienen.

Auf Einzelheiten der Hegerichtlinien und Bejagungspläne, die in den einzelnen Bundesländern teilweise recht verschieden sind und sich von Zeit zu Zeit ändern, ist absichtlich nicht eingegangen. Das würde gerade dem Anfänger das Verständnis für die *biologischen Grundlagen* des Ansprechens nur erschweren. Umgekehrt wird es nicht schwerfallen, von diesen Grundlagen aus die jeweiligen Richtlinien (die Bestandteile der Ausführungsverordnungen zu den Landesjagdgesetzen sind) zu verstehen und sinnvoll in der Praxis anzuwenden.

So mag dieses Büchlein dazu beitragen, weiteren Jägergenerationen zu vermitteln, worauf es beim Jagen heute hauptsächlich ankommt: fundiertes Wissen und Verständnis für die freilebenden Tiere, die uns anvertraut sind, für ihre Lebensbedürfnisse und für ihre Erhaltung unter naturgemäßen Verhältnissen. Möglichst viele nichtjagende Wildfreunde mögen daraus auch ersehen, wie der Jägernachwuchs auf seine Aufgabe vorbereitet wird und daß dazu mehr gehört als die »Zucht« von möglichst starken »Trophäen« und deren Sortierung nach Stärke- und Güteklassen.

Dank gebührt dem BLV-Verlag für die Herausgabe dieses Leitfadens, in erster Linie aber Altmeister Herbert Krebs selbst, der die Grundlage dazu geschaffen und seine reiche Erfahrung mit in das jetzt erweiterte Werk eingebracht hat.

München, zur Blattzeit 1979    W. Helemann

# Vorwort zur zweiten Auflage

Die erste Auflage dieses Leitfadens war in wenig mehr als einem Jahr vergriffen – ein Zeichen dafür, daß er Anklang gefunden und den Bedürfnissen der Praxis – vor allem der Jägerausbildung – entsprochen hat.
Altmeister Herbert Krebs hat das Erscheinen der zweiten Auflage nicht mehr erlebt. Er starb im Alter von 79 Jahren am 13. November 1980. Das von ihm begründete Werk fortzuführen, ist uns eine gern übernommene Verpflichtung.
In der zweiten Auflage wurden einige Abbildungen durch bessere ersetzt, um die betreffenden Ansprechmerkmale noch deutlicher zu veranschaulichen. Die inzwischen in einigen Bundesländern erlassenen neuen Hege- und Bejagungsrichtlinien berücksichtigen verstärkt die naturgemäße Gliederung von Schalenwildpopulationen nach Altersklassen. Die Frage »Jung oder alt?« steht beim Ansprechen von Wild in jedem einzelnen Fall im Vordergrund. Wenn dieses Büchlein dem Jäger hilft, die richtige Antwort zu finden, hat es seinen Zweck erfüllt.

München, im Frühjahr 1981   W. HELEMANN

# Ansprechen – erkennen und entscheiden

»Jung oder alt?« – das ist die erste und hauptsächliche Frage, wenn es darum geht, ein Stück Schalenwild *anzusprechen*, das heißt zu erkennen und zu beurteilen. Erst dann können wir die zweite Frage: »Schießen oder schonen?« richtig beantworten und danach handeln.
Warum ist das so wichtig; warum ist es nicht gleichgültig, welches Stück Wild vom Jäger erlegt wird?
Die Bestände aller Schalenwildarten müssen zahlenmäßig begrenzt werden. Sie müssen aus *biologischen* Gründen der Kapazität des gegebenen Lebensraumes sowie aus *wirtschaftlichen* Gründen den Belangen der Landeskultur (Forst- und Landwirtschaft) angepaßt werden. Nur so ist es überhaupt möglich, in unserer von Menschen dicht bevölkerten und intensiv genutzten Kulturlandschaft Schalenwild – also größere wildlebende Pflanzenfresser – noch zu erhalten. Dafür zu sorgen, ist eine wesentliche Aufgabe des Jägers.
Mit dem Jagdrecht ist die Hegepflicht ausdrücklich verbunden (Bundesjagdgesetz). Ein entscheidender Bestandteil der Hege des Schalenwildes ist die *Hege mit der Büchse* – das heißt, die Jagd so durchzuführen, daß sie dem Ziel und Auftrag, das Wild unter naturgemäßen Lebensbedingungen gesund und lebenskräftig zu erhalten, möglichst gerecht wird.

## Zahlabschuß und Wahlabschuß

Dazu genügt es nicht, die nötige Anzahl Wild (gemessen am jährlichen Zuwachs an Jungwild) wahllos zu erlegen. Es ist zwar die wichtigste Grundvoraussetzung, daß die erforderliche Gesamtzahl erlegt wird *(Zahlabschuß),* doch kommt es weiterhin darauf an, wie sich diese Gesamtzahl auf die Geschlechter und auf die einzelnen Altersklassen verteilt, damit auch die innere *Gliederung* des Wildbestandes möglichst naturgemäß erhalten bleibt.
Ferner ist es nicht unwichtig, auch innerhalb der einzelnen Altersklassen diejenigen Stücke bevorzugt zu erlegen, die unterdurchschnittlich entwickelt sind oder gar ausgesprochen »kümmern«, also krank und schwächlich erscheinen. Durch solchen *Wahlabschuß* trachten wir danach, nach bestem Wissen die natürliche Auslese nachzuahmen bzw. zu unterstützen und dienen damit der *Gesundheit* des Wildbestandes.
Alle diese Grundsätze sind für die meisten Schalenwildarten in der *Bejagungsplanung* (Abschußplanung) gesetzlich verankert. Die einzige Schalenwildart, für die kein Bejagungsplan vorgeschrieben ist, ist das Schwarzwild. Trotzdem gelten auch für dieses Wild die gleichen Grundsätze und sollten von verantwortungsbewußten, biologisch verständigen Jägern beherzigt werden.

## Von der Natur lernen

Die Beobachtung von Schalenwildbeständen, die noch unter weitgehend natürlichen, vom Menschen wenig beeinflußten Bedingungen leben, lehrt uns folgendes:
Die natürliche Auslese greift vorwiegend beim Jungwild an. Witterungsunbilden, Nahrungsmangel, Krankheiten raffen Jungtiere leichter dahin als die widerstandsfähigeren Erwachsenen; Raubtiere erbeuten ebenfalls bevorzugt die noch unerfahrenen Jungtiere; bei knapp werdendem Lebensraum wird der Nachwuchs von den »eingesessenen« Erwachsenen in weniger günstige Gebiete abgedrängt bzw. zum Abwandern gezwungen. Aus allen diesen Gründen ist bei freilebenden Tieren die *Jugendsterblichkeit* sehr groß – eben an die Höhe der jeweiligen Vermehrungsrate angepaßt.
Hat ein Tier die gefahrvolle Jugendzeit erst einmal überstanden und sich als Erwachsener in seinem Lebensraum etabliert, lebt es einige Zeit verhältnismäßig sicher. Es gehört jetzt zu der den Bestand tragenden und erhaltenden Schicht von Tieren im besten Fortpflanzungsalter.
Erst wenn die Zeit höchster Lebenskraft abklingt und Alterserscheinungen auftreten, greift die natürliche Auslese wieder verstärkt

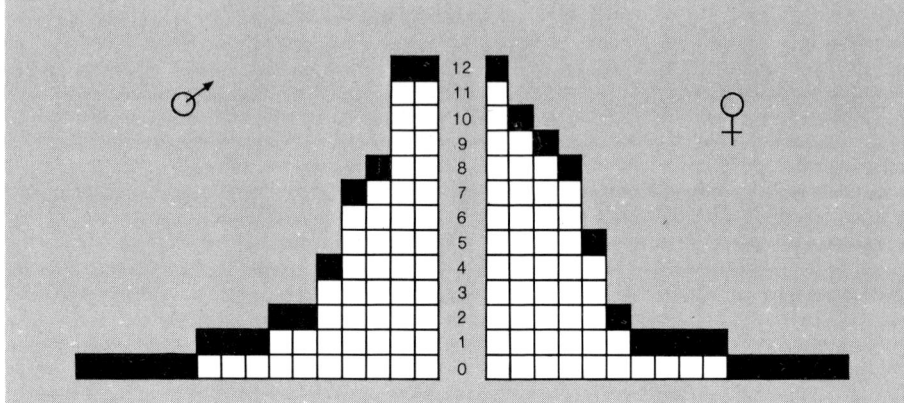

*Darstellung eines Rotwildbestandes*

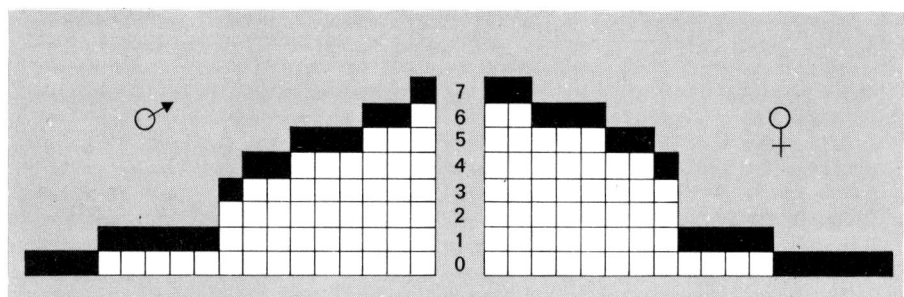

*Darstellung eines Rehwildbestandes*

*Beispiele für sogenannte »Bestandespyramiden«, mit denen wir den Aufbau eines Wildbestandes schematisch darstellen können. Jedes Kästchen stellt 1 Stück Wild dar. Übereinander sind die Jahrgänge aufgetragen (O = Kitze bzw. Kälber). Links das männliche Wild (♂), rechts das weibliche Wild (♀). Die schwarz ausgefüllten Kästchen stellen die zu erlegenden Stücke dar. – Auf diese Weise kann man beispielhaft veranschaulichen, wie sich – bei vorgegebener Gesamtzahl des Bestandes – die unterschiedliche Verteilung des Abschusses auf die einzelnen Altersklassen auswirkt.*

Aus Nüßlein, »Jagdkunde«

an und merzt schließlich die für den Bestand überflüssig gewordenen Alten aus.
In unserer Kulturlandschaft sind viele Faktoren der natürlichen Auslese abgeschwächt oder ausgefallen, besonders das Großraubwild als unmittelbare »natürliche Feinde«. Es ist jedoch ein Gebot der Vernunft, mit unserer »Hege mit der Büchse« diese naturgegebene Dynamik so gut wie möglich nachzuahmen.
Das heißt aber: Starke Eingriffe in die *Jugendklasse* (besonders im 1. und 2. Lebensjahr), weitgehendes Schonen der fortpflanzungsfähigen *Mittelklasse* und verstärkte »Ernte« erst wieder in der *Altersklasse.*
Dieses *biologisch vernünftige* Handeln kommt erfreulicherweise gleichzeitig auch unseren *jagdwirtschaftlichen* Bedürfnissen zugute (so wie z. B. auch die Forstwirtschaft heute weitgehend erkannt hat, daß eine möglichst *naturgemäße* Wirtschaftsweise auf lange Sicht auch ökonomisch am klügsten ist).
Es ist ein einfaches Rechenexempel: Wenn die Gesamtzahl eines Wildbestandes fest begrenzt ist, dann können wir nur dann einen möglichst großen Anteil an altem, reifem Wild (d. h. im männlichen Geschlecht: Trägern starker Trophäen!) haben und schließlich auch ernten, wenn wir den jährlich nachwachsenden »Überfluß« möglichst frühzeitig in der Jugendklasse abschöpfen und die Mittelalten ungestört in die Altersklasse hineinwachsen lassen. Lassen wir dagegen zuviel Jungwild leben, müssen wir zwangsläufig in der Mittelklasse stärker reduzieren (denn es wächst ja jährlich wieder viel Jungwild nach), und es bleibt für das reife Alter kaum mehr etwas übrig.
Das alles läuft in der Praxis, wenn wir ein Stück Schalenwild in Anblick haben, immer wieder auf die entscheidende Frage hinaus: »Jung oder alt?«

## Der »Blick des Schäfers«

Welche Anhaltspunkte bietet uns ein lebendes Stück Wild in freier Wildbahn, um diese Frage beantworten zu können?
Es fällt uns meist nicht schwer, einen fremden Menschen, dem wir begegnen, auf sein ungefähres Alter »anzusprechen«: ein Kind, ein junger Bursch oder ein Mädchen, ein gestandenes Mannsbild, eine Frau im besten Alter, ein Greis oder ein altes Mutterl – das erkennen wir auf den ersten Blick. Ähnlich geht es uns mit vertrauten Haustieren: ob ein Hund jung oder alt ist, erkennt fast jeder. Genau so sieht der Reiter dem Pferd, der Viehhändler dem Rind, der Schäfer dem Schaf sein Alter an. Der tägliche enge Umgang mit diesen Lebewesen macht das selbstverständlich, man »hat einen Blick dafür«, ohne eigentlich genau erklären zu können, worauf man im einzelnen achtet.
Auch der erfahrene Jäger bekommt mit der Zeit diesen »Schäferblick« für seine »Herde«. Dazu braucht es aber jahrelangen engen Umgang mit dem Wild, wie er eigentlich nur dem Berufsjäger vergönnt ist oder noch einigen wenigen Glücklichen, die bei genügend Freizeit mitten unter ihrem Wild leben können. Alle anderen – und das sind heute weitaus die meisten Jäger, und nicht nur die Anfänger – müssen sich um so eingehender mit der Theorie des Ansprechens befassen, jede Gelegenheit zur Übung und Kontrolle wahrnehmen, um den Blick für diese schwierige Aufgabe zu schärfen.
Am lebenden Wild sind es hauptsächlich Merkmale der *Gestalt,* der *Bewegung,* des *Verhaltens,* die Aufschluß über das Alter geben.
Allgemein gilt, daß das kindlich zierliche, schlanke, übermütige und arglose Jungwild mit zunehmendem Alter kräftiger, massiger, bedächtiger und vorsichtiger erscheint. Das körperlich erwachsene Wild zeigt dann auch sein voll ausgeprägtes Sozialverhalten gegenüber seinen Artgenossen, erobert sich seinen Platz im Lebensraum oder im Rudelverband, zeigt in der Paarungszeit das entsprechende Verhalten gegenüber dem Geschlechtspartner oder dem Rivalen.
Beim männlichen Wild bieten *Rivalenkämpfe,* wie sie sich regelmäßig entweder um Einstandsgebiete (wie z. B. die Territorialkämpfe der Rehböcke) oder während der Paarungszeit (wie z. B. die Brunftkämpfe der Rothirsche) abspielen, gute Anhaltspunkte. Sowohl beim oft sehr auffälligen »Imponiergehabe« wie auch beim eigentlichen Kampf ist meist der ältere, erfahrenere Rivale auch der Überlegene – und das ist durchaus nicht immer der, der uns auf den ersten Blick als der »Stärkere« erschienen ist, besonders was seine Stirnwaffen (Geweih oder Gehörn) an-

geht, die wir Jäger ja als »Trophäen« so gern überschätzen!

Unter den körperlichen Merkmalen gibt der Zeitpunkt des *Verfärbens* (Haarwechsel) brauchbare Hinweise. Es gilt der Grundsatz: *junges* (gesundes) *Wild verfärbt früher als altes* (und krankes). Das gilt sowohl für den Frühjahrs- wie für den Herbsthaarwechsel und trifft vor allem für die Unterscheidung zwischen Jungwild (1./2. Lebensjahr) und erwachsenen Stücken zu.

Die umgekehrte Regel gilt für das *Abwerfen* bei den Geweihträgern: *alte Hirsche oder Rehböcke werfen früher ab als die jungen,* und dementsprechend haben sie ihr neues Geweih auch eher fertig geschoben *und verfegen früher.*

Sehr alte (greisenhafte) Stücke lassen in ihrer Lebenskraft nach, werden von vollreifen Rivalen »abgeschlagen«, ziehen sich als Einzelgänger heimlich zurück, magern ab (und wirken dann manchmal wieder fast »jugendlich« schlank), werden anfälliger gegen Krankheiten; Geweihträger »setzen zurück«, das heißt das Geweih nimmt an Stärke und Endenzahl ab.

Von allen diesen Regeln gibt es im Einzelfall Ausnahmen – und vor allem ist es unmöglich, das Alter »aufs Jahr genau« festzustellen. Nimmt man aber – möglichst bei wiederholten Beobachtungen – alle Merkmale zusammen, so wird es meist möglich sein, das beobachtete Stück Wild mit hoher Wahrscheinlichkeit richtig in eine *Altersklasse* einzuordnen.

Für die Praxis genügt es durchaus zu wissen, ob man es mit Jungwild im 1. Lebensjahr (z. B. Kitz, Kalb, Frischling), im 2. Lebensjahr (Jährling; z. B. Schmalreh, Schmaltier, Überläufer), mit einem jüngeren oder einem vollreifen erwachsenen Stück oder mit einem sehr alten Stück zu tun hat.

Mit Ausnahme der beiden ersten Lebensjahre, die recht zuverlässig anzusprechen sind, wird auch der erfahrene Kenner seines Wildes zufrieden sein, wenn er das Alter eines Stückes mit einem Unsicherheitsfaktor von 2–3 Jahren schätzen kann. Kein Mensch kann zweifelsfrei erkennen, ob eine bestimmte Rehgeiß nun drei- oder fünfjährig ist, ein Rehbock vier- oder sechsjährig, ein Hirsch vom 10. oder 12. Kopf – abgesehen natürlich von den Fällen, wo das betreffende Stück seit Jahren »persönlich« bekannt ist und sein Al-

*Schematische Darstellung des Erscheinungsbildes eines jungen, mittelalten und alten Rehbocks (s. oben) und Rothirsches (s. S. 13). Der Körper erscheint mit zunehmendem Alter massiger, der Hals (Träger) dicker, das Haupt wird beim Ziehen tiefer getragen, der Schwerpunkt des Körpers verschiebt sich nach vorn zum »Vorschlag« (Blatt-Stich-Hals-Partie), der Widerrist (Schulterhöcker) tritt deutlich hervor. Aus Nüßlein, »Jagdkunde«*

ter anhand einer Markierung oder einer fortlaufenden Sammlung von Abwurfstangen (bei Hirschen) festgestellt werden kann.

## Das Geweih kommt ganz zuletzt

Bei all diesen Bemühungen darf der Blick erst zu allerletzt dem »Kopfschmuck« der Geweihträger gelten! Ganz abgesehen davon, daß die weiblichen Tiere der Cerviden ohnehin keine Geweihe tragen und es auch bei ihnen wichtig ist, sie altersmäßig richtig einzuordnen: Die jährlich neu geschobenen Geweihe sind in ihrer jeweiligen Ausbildung so vielen zufälligen Umwelteinflüssen unterworfen (beim Rothirsch weniger, beim Rehbock um so mehr), daß sie für sich allein kaum als Hinweis auf das Alter ihres Trägers brauchbar sind.

Wir müssen uns vielmehr umgekehrt fragen, wenn wir anhand aller übrigen Merkmale uns einigermaßen klar sind, welcher Altersklasse wir das betreffende Stück zuordnen wollen, ob das Geweih dazu paßt. Das heißt, ob die Geweihbildung dem normalen Durchschnitt der betreffenden Altersklasse entspricht oder ob sie deutlich darüber oder darunter liegt. So betrachtet, kann uns das Geweih dann durchaus als »Weiser« für die mehr oder weniger gute Entwicklung eines Hirsches oder Rehbocks dienen.

Dabei sollte allgemein der Grundsatz gelten, daß in der *Jugendklasse* (wo bei dem nötigen hohen »Zahlabschuß« ja nicht nur das Unterdurchschnittliche ausgemerzt, sondern auch stark in den normalen Durchschnitt eingegriffen werden muß) die überdurchschnittlich entwickelten Stücke möglichst zu schonen sind.

Es besteht dann kein Anlaß mehr, in die überlebenden, jetzt in die *Mittelklasse* hineingewachsenen Stücke stärker einzugreifen. Besonders die jüngeren, noch nicht vollreifen Angehörigen dieser Klasse sind möglichst zu schonen. Hier sollten wir nur solche Stücke erlegen, die deutliche Mängel aufweisen, also kümmernde, kranke, verletzte Stücke, die stark unter den Durchschnitt ihrer Altersgenossen zurückfallen. Keinesfalls sollten kleine, nach menschlichen Idealvorstellungen beurteilte »Schönheitsfehler« an den noch unreifen Geweihen ein Erlegungsgrund sein; auch nicht ein vorübergehendes, »unechtes« Zurücksetzen, das meist bald wieder aufgeholt wird und gar nichts mit dem späteren echten Zurücksetzen im Greisenalter zu tun hat.

Je kräftiger wir die Jugendklasse »auslichten« und je sparsamer und vorsichtiger wir dagegen die Mittelklasse »durchforsten«, um so mehr vollreife Geweihträger wachsen heran, die ihre biologische Aufgabe in der Wildpopulation erfüllen und die der Jäger dann als »Lohn der Hege« am Übergang von der Mittelklasse zur *Altersklasse* guten Gewissens ernten kann.

## Ein Wort zur »Trophäenjagd«

Genau wie auch der naturgemäß wirtschaftende Forstmann die Stämme auf dem Höhepunkt ihres Wertes erntet (und nicht wartet, bis sie morsch zusammenbrechen), ist es dem naturgemäß hegenden Jäger nicht zu verdenken, daß er Hirsche und Rehböcke nicht erst als zurückgesetzte Jammergreise erlegt, sondern auf dem Höhepunkt ihrer Altersreife. Nicht diese überlegte Ernte zur rechten Zeit hat die »Trophäenjagd« in Mißkredit gebracht und dem »Trophäenjäger« heute so viele Anfeindungen eingetragen, sondern das hat die Trophäengier vieler Jäger verschuldet, die eben die Erntereife nicht erwarten können, sondern voller Ungeduld und Neid die noch unreife Mittelklasse (mit bereits halbwegs ansehnlichen Trophäen) dezimieren, dafür die Jugendklasse (mit den noch kaum »begehrenswerten« Trophäen) und das weibliche Wild zu wenig beachten und damit die naturgemäße Gliederung eines Wildbestandes zerstören.
Als Rechtfertigung für solches Verhalten wird manchmal heute noch die in den 30er Jahren »modern« gewesene Überschätzung der Vererbungslehre angeführt: Es sei doch schade, »gut veranlagtes« Jungwild in größerer Zahl zu erlegen, und man wolle sich lieber bemühen, unter den späteren Trophäenträgern immer wieder die »schlechten Vererber« auszumerzen.
Zum Glück verlassen die amtlichen Bejagungsrichtlinien immer mehr diese einstigen »Aufartungstheorien« (die schon damals mehr politisch propagiert als wissenschaftlich gesichert waren) und berücksichtigen immer stärker die Erkenntnisse, die uns die Biologie seither über das Verhalten, die Ernährung, die Soziologie und Ökologie des Wildes verschafft hat. Auch damit sind noch längst nicht alle Fragen geklärt, doch vieles ist gerade für den praktischen Jäger klarer zu durchschauen und einfacher zu handhaben geworden.
Was speziell das Rehwild, unsere Hauptwildart, betrifft, haben hier in letzter Zeit die beiden großartigen Bücher von Ernst Schäfer »Hegen und Ansprechen von Rehwild« und von Herzog Albrecht von Bayern »Über Rehe . . .« bahnbrechend gewirkt und eine Brücke zwischen Wissenschaft und Praxis geschlagen.
Demnach verringert sich das einstige Kopfzerbrechen darüber, ob ein Stück Schalenwild »abschußnotwendig« oder »vererbungswürdig« sei, im wesentlichen auf die anschauliche Frage: »Jung oder alt?« Das gilt grundsätzlich nicht nur für die Geweihträger *(Cerviden)*, sondern auch für die Hornträger *(Boviden)* und für das Schwarzwild.

## Kontrolle am erlegten Wild

Ob wir das lebende Wild einigermaßen richtig auf sein Alter angesprochen haben, können wir am erlegten Stück an weiteren Merkmalen nachprüfen.
Bei Jungwild, das den *Zahnwechsel* noch nicht beendet hat, kann das Alter fast auf den Monat genau bestimmt werden, je nachdem wie weit der Zahnwechsel fortgeschritten ist. Nach beendetem Zahnwechsel gibt die zunehmende *Abnützung des Gebisses* gewisse Anhaltspunkte. Das gilt besonders für den Abschliff der Backenzahnreihe bei den *geweihtragenden Wiederkäuern,* also den Hirscharten *(Cerviden).*
Auch dieses Merkmal ermöglicht allerdings keine Alters*bestimmung* (wie man oft hören kann), sondern nur eine ungefähre *Schätzung.* Der Grad des Abschliffs der Backenzähne ist u. a. auch von der (individuell verschiedenen) Festigkeit der Knochen und Zähne und von der Art der Äsung abhängig. Es ist einfach lächerlich, wenn jemand allein anhand eines Unterkiefers behaupten will, ein Rehbock sei z. B. exakt erst vierjährig gewesen (und damit »zu jung«) – oder er sei tatsächlich bereits fünfjährig (und damit »richtig« erlegt). Bejagungsrichtlinien müssen gewisse Grenzen ziehen, das geht nicht anders. Aber genauso selbstverständlich ist, daß sich die Streuungsbreite biologischer Merkmale damit eben nicht eingrenzen läßt. Das gilt auch für die Merkmale am knöcher-

nen *Schädel* selbst, wie die mit zunehmendem Alter enger »verwachsende« *Stirnnaht,* die dicker (und damit immer weniger lichtdurchlässig) werdenden *Stirnbeine* oder die *Rosenstöcke* der Geweihträger, die im Alter immer gedrungener (breiter und kürzer) werden. Auch diese Merkmale geben nur alle gemeinsam – und im Vergleich mit dem Eindruck des lebenden Wildes vor der Erlegung – ein brauchbares Bild, in das sich dann wieder an letzter Stelle die Alterszeichen einfügen, die wir an den *Geweihen* selbst finden und die, für sich allein genommen, recht irreführend sein können (wie z. B. »Dachrosen« beim Rehbock, der Neigungswinkel der Augsprossen beim Rothirsch oder die Regel, daß bei jugendlich-frohwüchsigen Geweihen die »Masse« oben, bei Altersformen unten liegt). Eine erste Antwort auf die Frage »Jung oder alt?« gibt übrigens auch schon die Festigkeit der *Schloßnaht* beim Aufbrechen!

Wer es genauer wissen will, muß den Schädel oder zumindest Unterkiefer des erlegten Stückes an ein einschlägiges Untersuchungsinstitut[1] einsenden, wo nach einigen verschiedenen Methoden Schneide- oder Backenzähne fein geschliffen werden können, um im Aufbau der Zahnsubstanz eine Art von »Jahresringen« festzustellen.

Viel leichter als die Geweihträger machen es uns die *horntragenden Wiederkäuer (Boviden),* also Gams, Steinwild und Muffelwild. Hier finden wir an den Gamskrucken, den Steinbockgehörnen und den Widderschnecken zuverlässige »*Jahresringe*«, die wir nur zu zählen brauchen. Denn diese »Hohlhörner« werden ja nicht abgeworfen; sie wachsen zeitlebens weiter, indem sich jedes Jahr eine neue Hornschicht vom knöchernen Stirnzapfen aus unter den bestehenden Hornschlauch schiebt und ihn an der Basis verlängert. Ihnen allen ist gemeinsam, daß das Hauptwachstum in den ersten 5–6 Lebensjahren vor sich geht und sich der Hornzuwachs der folgenden Jahre auf ganz schmale Zonen (beim Gams: »Millimeterringe«) beschränkt. Größere Rätsel gibt uns dann wieder das *Schwarzwild* auf. Bei ihm müssen wir wieder Merkmale des Gebisses beachten, vor allem an den »Waffen«, den kräftigen Eckzähnen, deren Proportionen sich mit zunehmendem Alter verändern.

Im folgenden wollen wir uns jedoch hauptsächlich an Bildbeispielen von *lebendem* Wild die Frage stellen: »Jung oder alt?«, um den Blick zu schärfen für die Merkmale, auf die es dabei ankommt.

---

[1] Institut für Wildbiologie und Jagdkunde der Universität Göttingen
Büsgenweg 3, 3400 Göttingen-Weende
Arbeitskreis Wildbiologie und Jagdwissenschaft an der Justus-Liebig-Universität Gießen
Frankfurter Str. 98, 6300 Gießen
Institut für Wildforschung und Jagdkunde der Forstlichen Forschungsanstalt München
Forsthaus Dickelschwaig, 8101 Ettal
Forschungsstelle für Jagdkunde und Wildschadensverhütung des Landes Nordrhein-Westfalen
Forsthaus Hardt, 5300 Bonn 3

# Rehwild

Das Rehwild ist unsere weitaus häufigste und allgemein verbreitete Schalenwildart. Es gibt von der Meeresküste bis ins Hochgebirge kaum ein Revier ohne Rehwild. Rund 600 000 Stück werden jährlich in der Bundesrepublik erlegt. Am wohlsten fühlt es sich in reich gegliederten, abwechslungsreichen Wald-Feld-Revieren mit unterholzreichen Misch- und Laubwäldern, doch paßt es sich auch gut an ungünstigere Lebensräume an, wie geschlossene Nadelwälder einerseits und die offene Feldflur andererseits (wo es als »Feldreh« sogar ganz andere Verhaltensweisen annimmt).

Das Reh ist unsere kleinste *Cerviden*-Art und nimmt in der zoologischen Systematik als Angehöriger der »Trughirsche« (»Neuwelthirsche«: seine nächsten Verwandten sind die Weißwedel- und Maultierhirsche in Amerika) eine Sonderstellung ein.

Rehe leben die meiste Zeit einzeln; soziale Bindungen beschränken sich auf die Beziehungen zwischen Muttergeiß und Kitzen während der Aufzuchtzeit (teilweise noch bis ins Jährlingsalter hinein), auf die kurzen Kontakte zwischen den Geschlechtspartnern zur Brunftzeit und auf lockere »Notgemeinschaften« während des Winters. Besonders die erwachsenen Böcke leben ausgesprochen »territorial« und verteidigen ihr Einstandsgebiet im Frühjahr und Sommer gegen Konkurrenten.

## Altersklassen und Geschlechterverhältnis

Rehe können etwa 12–14 Jahre alt werden. (Natürlich ist die durchschnittliche »Lebenserwartung«, wie bei allen freilebenden Tieren, wesentlich niedriger als das im Einzelfall erreichbare Höchstalter.)

### Bezeichnung der Altersstufen

| Lebensjahr | männlich | weiblich |
| --- | --- | --- |
| 1. Lebensjahr: | | |
| Kitz | Bockkitz | Geißkitz, Rickenkitz |
| 2. Lebensjahr | Jährlingsbock | Schmalreh, Schmalgeiß |
| 3. Lebensjahr | 2jähriger Bock | 2jährige Geiß, Ricke |
| 4. Lebensjahr | 3jähriger Bock | 3jährige Geiß, Ricke |

Fortpflanzungsfähig ist Rehwild vom 2. Lebensjahr an, voll erwachsen im 3. Lebensjahr. Erwachsene Böcke werden, wenn keine nähere Altersangabe gegeben wird, einfach als

1 *Hochbeschlagene Altgeiß kurz vor dem Setzen (Mai): »dicker Bauch« nicht zu übersehen! Noch weitgehend im Winterhaar (grau, weißer Spiegel).*

2a *Altgeiß nach dem Setzen: eingefallene Flanken (»Kitzgrube«), noch graue Strähnen in der Decke.*

2b *Schlank, zierlich, bereits voll verfärbt, höchstwahrscheinlich ein Schmalreh.*

3 *Letzte Sicherheit in der Frage: »führend oder nicht?« bringt nur der Blick spitz von hinten zwischen die Keulen. Hier ist das volle Gesäuge deutlich sichtbar – also führende Geiß!*

Bock, weibliche Stücke als *Geiß* oder *Ricke*, auch *Altreh*, *Altgeiß* (im Unterschied zum Schmalreh) bezeichnet. »Geiß« ist im oberdeutschen, »Ricke« im niederdeutschen Sprachraum gebräuchlich. Die führende Muttergeiß heißt in Süddeutschland auch *Kitzgeiß*. Ein *Kitzbock* dagegen ist ein männliches Kitz (Bockkitz) gegen Ende des 1. Lebensjahres, wenn es bereits Anzeichen der Geweihbildung erkennen läßt.

Grundsätzlich ist der Stichtag für den »Übergang in die nächsthöhere Altersklasse« bei allen Schalenwildarten der *1. April* (Beginn des Jagdjahres). Das entspricht nicht genau dem vollendeten Lebensjahr, da Jungwild meist im Mai/Juni gesetzt wird. Doch hat sich der 1. April als einheitlicher Stichtag eingebürgert und ist in den Bejagungsplänen (Abschußplänen) amtlich festgesetzt.

Das weibliche Wild bringt den Zuwachs hervor. Da dieser in bestimmten Grenzen gehalten werden muß und der Jäger außerdem danach trachtet, einen möglichst hohen Anteil an reifen männlichen Stücken heranzuhegen, sollte der Anteil an weiblichem Wild eigentlich möglichst niedrig gehalten werden. Erfahrungsgemäß werden (mit gewissen Schwankungen) jedes Jahr gleich viele männliche und weibliche Kitze gesetzt. Wir können also praktisch davon ausgehen, daß das naturgemäße *Geschlechterverhältnis* (bei allem Schalenwild) ungefähr 1:1 ist.

Ein stärkerer »Überhang« von weiblichem Wild ist jedenfalls nachteilig. Ein leichtes Überwiegen des männlichen Wildes (etwa 1,2:1) kann angestrebt werden, findet aber bald eine Grenze in biologischen Gegebenheiten (übermäßige Rivalenkämpfe, Abwanderung). Soll ein Wildbestand vermindert werden, muß verstärkt ins weibliche Wild eingegriffen werden. Ansonsten muß mindestens gleich viel weibliches wie männliches Wild erlegt werden, wenn der Bestand nicht anwachsen soll (was gerade beim Rehwild mit seiner höchsten Vermehrungsrate unter allen *Cerviden* leicht eintritt).

## Im Frühjahr

Schon vor der Setzzeit haben sich im Frühjahr die winterlichen Notgemeinschaften, die »Sprünge«, aufgelöst. Die älteren Böcke haben ihr Geweih fertig geschoben und *verfegen* im März/April. Die jüngeren, besonders die Jährlinge, schieben noch bis in den Mai. Das *Territorialverhalten* setzt ein: die *Einstandskämpfe* unter den erwachsenen Böcken. Dieses auffällige Verhalten besteht im Markieren der Territoriumsgrenzen durch Geweihschlagen und Plätzen, im gegenseitigen »Imponieren« durch Drohgebärden bis zum eigentlichen Kampf und gegenseitigen Vertreiben (Hetzen, Sprengen). Dabei ist in der Regel der ältere, vollreife Bock dem jüngeren überlegen, und zwar ohne Rücksicht auf die »Güte« und Stärke des Geweihs. Solche Beobachtungen lassen gute Vergleichsschlüsse auf das Al-

4 *Starker Sprung im Vorfrühling (März): noch alle im Winterhaar, Böcke mit fertig geschobenen Bastgeweihen kurz vor dem Fegen. Pinsel der Böcke deutlich sichtbar.*

5 *Die typische Form des Spiegels beim Rehbock im Winterhaar: bohnen- oder nierenförmig.*

6 *Rehgeiß im Winterhaar: der Spiegel erscheint herzförmig durch die »Schürze«, ein helles Haarbüschel am Feuchtblatt. – Auch die Kitze zeigen schon diese deutlichen Geschlechtsmerkmale, sobald sie ins Winterhaar verfärben.*

7 *Typischer »Familiensprung« im Vorfrühling (März): Links* Altgeiß*, Mitte* Bockkitz: *jetzt dicht vor dem Übergang zum Jährlingsbock (1. April); deutlich sichtbar beginnt sich das Jährlingsgeweih zu entwickeln. Rechts starker* Bock *mit bereits fertig geschobenem Geweih, er wird bald fegen.*
*Die Spiegel von Altgeiß und Bockkitz zeigen wieder deutlich den Geschlechtsunterschied!*

ter zu, besonders wenn man auch weiß, wann die Böcke verfegt haben und wann sie verfärbt sind.
Ein Bock, der schon im März verfegt, aber noch im Juni »grau meliert« erscheint, kann nicht der Jüngste sein! Ein anderer, der erst Anfang Mai verfegt und gleichzeitig schon den Haarwechsel fast abgeschlossen hat, ist bestimmt nicht alt, und wenn sein Geweih noch so stark ist. Jährlinge sind manchmal zu Beginn der Jagdzeit noch im Bast. Wenn sie sonst einwandfrei erscheinen (gesund, gut verfärbt, gute Geweihentwicklung), ist das keinesfalls ein Erlegungsgrund!

Das alles sind annähernde Regeln mit vielen Ausnahmen – aber eben doch »Entscheidungshilfen« für den Jäger, der sein Wild das ganze Jahr über eingehend beobachtet.

Sobald im Hochsommer alle Böcke fertig rot verfärbt sind und sich, nachdem die Einstände »ausgerauft« und abgegrenzt sind, vor der Brunft ruhiger verhalten, ist das Ansprechen bereits schwieriger geworden. Die von den Einstandsböcken abgedrängten und unterdrückten Jährlinge, Kümmerer und auch überalterten Greise machen sich ängstlich fast »unsichtbar«. Das wird erst im Trubel des Brunfttreibens Ende Juli/Anfang August wieder anders – doch sind die erregt treibenden Böcke ebenfalls schwerer auf ihr Alter anzusprechen als zur Fege-, Färbe- und Territorialkampfzeit im Frühjahr.

## Führend oder nicht?

Wo die Jagdzeit auf *Schmalrehe* bereits im Sommer beginnt (zugleich mit der Bockjagd am 16. Mai bzw. am 1. Juni), kommt es darauf an, nicht versehentlich eine führende Geiß zu erlegen.
Allgemeine Unterscheidungsmerkmale sind die jugendlich schlankere Gestalt der Schmalrehe, die jetzt (abgesehen von kümmerndern) auch als erste (zusammen mit den Jährlingsböcken) ins rote Sommerhaar verfärben, während die Altgeißen meist noch bis Mitte/Ende Juni mehr oder weniger »grau und struppig« erscheinen. Das alles kann aber im Einzelfall täuschen, so daß als einziges unbedingt sicheres Merkmal nur das *Gesäuge* übrigbleibt.
Das Gesäuge (die »Spinne«) ist bei der führenden Geiß im Sommer nicht zu übersehen, *wenn* man sie bei gutem Licht unverdeckt spitz von hinten vor sich hat. *Dann* – aber auch nur dann – ist die führende Geiß jetzt mit größerer Sicherheit vom gesäugelosen Schmalreh zu unterscheiden als im Herbst. (Wenn eine geringe, *nicht führende* Altgeiß, die natürlich auch kein pralles Gesäuge hat, mit einem Schmalreh verwechselt wird, ist das kein Unglück.)

8 *Geiß mit Zwillingskitzen, die der Mutter bereits folgen (ca. 2–3 Wochen alt). Die Geiß besorgt durch Lecken Körperpflege bei einem Kitz.*

9 *Beim Bockkitz zeigen bereits im Sommer erhabene Haarwirbel auf der Stirn, wo die Rosenstöcke heraus wollen!*

10 *Mitte August sind die Rosenstöcke deutlich zu erkennen. Die Kitzflecken werden allmählich von längerem Haar überwachsen.*

11 *Das Bockkitz im Winter: Das Erstlingsgeweih (»Kitzknöpfe«) ist bereits abgeworfen. Die blanken Rosenstöcke beginnen das Jährlingsgeweih zu schieben. In manchen Gegenden (Süddeutschland) heißt das Bockkitz jetzt »Kitzbock«.*

12 *Jährlingsböcke haben zu Beginn der Jagdzeit (Ende Mai/Anfang Juni) manchmal noch nicht verfegt. Das ist bei ansonsten normaler Entwicklung kein Abschußgrund. Dieser Jährling mit erst knapp halblauscherhohen Bastspießen dürfte allerdings unter dem Durchschnitt bleiben.*

13 *Das Bild gibt ein Rätsel auf! Dem kräftigen Körperbau nach bestimmt ein erwachsenes Stück (dreijährig oder älter). Der noch nicht beendete Haarwechsel und die graue »Brille« um die Lichter sprechen sogar für höheres Alter. Aber was trägt es auf dem Haupt? – Offenbar wulstig verdickte Rosenstöcke unter der Decke. Eine alte, vierschrötige Geiß (die mitunter solche böckische Attribute aufweisen) – oder einer der noch selteneren »plattköpfigen« Böcke? Das läßt sich auf diesen ersten Blick nicht entscheiden.*

14 *Schlank und zierlich: ein Jährling, bei dem es nur zu ungleichen, gut halblauscherhohen Spießen gelangt hat.*

## Setzzeit, Jugendentwicklung

Die hochbeschlagenen Altgeißen ziehen sich zurück, vertreiben energisch die vorjährigen Kitze, die jetzt als Schmalrehe noch immer Anschluß zur Mutter suchen (während sich die Jährlingsböcke bereits selbständig machen), und setzen in heimlicher Deckung ihre neuen Kitze. Die Regel sind 2, seltener 1, manchmal auch 3 Kitze.

Die Kitze legen sich in den ersten Lebenstagen ab, das heißt sie drücken sich fest und reglos an den Boden und sind so vor Feinden weitgehend geschützt, zusätzlich getarnt durch ihre helle Fleckenzeichnung, wodurch ihre Gestalt optisch »aufgelöst« wird. In dieser Zeit sind die Kitze besonders durch das »Ausmähen« in Wiesen und Grünfutterschlägen gefährdet sowie durch unverständige Menschen, die sie zufällig finden und als vermeintliche »Waisenkinder« mitnehmen. Sie werden von der Muttergeiß regelmäßig gesäugt und gegen Raubwild (Fuchs, Dachs, Marder) wirksam verteidigt.

Solange die Kitze abgelegt sind, steht die Muttergeiß allein und könnte vielleicht mit einem starken Schmalreh verwechselt werden. Das pralle *Gesäuge* gibt Aufschluß (siehe oben!).

Im Laufe des Sommers verwächst sich die Jugendfleckung der Kitze immer mehr, bis sie im Frühherbst (Mitte September/Anfang Oktober) als erste ins graue Winterhaar *verfärben*. Es folgen die Schmalrehe und Jährlingsböcke vor den erwachsenen Stücken. Wie im Frühjahr, ist auch im Herbst verspätetes Verfärben ein Zeichen hohen Alters bzw. (innerhalb der jeweiligen Altersklasse) schlechter Verfassung (Krankheit).

Im *Winterhaar* sind die Geschlechter – auch schon die Kitze – gut anzusprechen an der Form des *Spiegels* (männlich: bohnen- bzw. nierenförmig; weiblich: herzförmig) und der Behaarung der Geschlechtsteile (männlich: »Pinsel« an der Brunftrute; weiblich: »Schürze« am Feuchtblatt).

Im Spätherbst und Winter werden die Rehe verträglicher. Die Böcke haben *abgeworfen*: die älteren Ende September/Mitte Oktober, die jüngeren bis in den Dezember. Es bilden sich »Sprünge«, die in Waldrevieren meist nur aus der Muttergeiß mit ihren Kitzen, dazu einem oder zwei Schmalrehen bzw. Jährlingsböcken bestehen, an die sich erwachsene Böcke lose anschließen. In Feldrevieren können sich größere Gemeinschaften bilden (die aber nie so fest gefügt und geordnet sind wie die Rudel der wirklich gesellig lebenden Wildarten).

## Geweihentwicklung

Für die Stirnwaffen des Rehbocks gibt es verschiedene Bezeichnungen: Gehörn, Gewichtl (= »Geweihlein«, kleines Geweih), Krickel, Krone. Wir möchten uns hier für den anatomisch richtigen Ausdruck *Geweih* entscheiden, der

**Junge Böcke**

15 *Im* Herbst *(Oktober/November) bereits voll ins Winterhaar verfärbt, aber noch nicht abgeworfen. Sicherlich erst zweijährig.*

16 *Im* Frühjahr *(Mai/Juni) schon fast ganz verfärbt, nur noch wenige lose graue Haare in der Decke, soeben frisch verfegt (Stangen noch ganz hell!). Zierliche Gestalt mit schlankem Träger. Sicherlich zweijährig.*

17 *Ebenfalls eine insgesamt zierliche Erscheinung mit schlankem Träger und noch »kindlich« wirkendem Haupt. Zweijährig; vielleicht aber sogar ein besonders gut entwickelter* Jährling!

18 *Dieser Bock scheint (vielleicht aber nur durch den dunklen Schlagschatten) schon einen massigeren Träger zu haben. Wohl eher dreials zweijährig.*

15  16  17  18

sich neuerdings wieder mehr in die Jägersprache einbürgert. (Der mehr poetische Ausdruck »Krone« paßt nur für den *starken* Bock; »Gewichtl« und »Krickl« sind mundartlich begrenzt – und das »Gehörn« verleugnet überflüssigerweise, daß der Rehbock eben wirklich ein *Geweih* trägt wie alle anderen *Cerviden* auch.)

*Bockkitze* zeigen bereits im Sommer – mit 4–5 Monaten – Anfänge der Geweihbildung: Unter der Decke wölben sich auf der Stirn die Rosenstöcke. Bei guter Entwicklung brechen sie im Herbst durch und erscheinen als kleine »Basthöcker«, die im Winter richtiggehend gefegt werden. Zum Vorschein kommt das *Erstlings-* oder *Kitzgeweih:* unscheinbare, knopfförmige Gebilde, die bald danach im Spätwinter gleich wieder abgeworfen werden.

Unmittelbar auf diesen kurzen »ersten Versuch« folgt die Entwicklung der nächsten Geweihstufe, des *Jährlingsgeweihs.* Sein Anfang liegt also ebenfalls noch im Winter des 1. Lebensjahres, beim Kitz. Wenn das Bockkitz am 1. April zum Jährling wird, ist es mitten im Schieben dieses Jährlingsgeweihs, das dann in der Regel im Mai verfegt wird. Es sind bei normaler Entwicklung etwa lauscherhohe Spieße, oft schon mit angedeuteten Gabelenden. Bei guter Entwicklung können es aber durchaus auch schon richtige Gabel-, ja sogar Sechserstangen mit deutlich vereckten Enden und von beträchtlicher Stärke sein.

Bei schlechter Entwicklung kann im 1. Lebensjahr die Ausbildung des Erstlingsgeweihs unterbleiben. Das Erstlingsgeweih tritt dann an die Stelle des Jährlingsgeweihs, so daß dann der Jährlingsbock die gleichen kümmerlichen »Knöpfe« trägt, die für das Kitz normal gewesen wären. Ähnlich verläuft die Entwicklung, wenn zwar das Bockkitz ein normales Erstlingsgeweih zustande gebracht hat, wenn aber dann (z. B. als Folge eines harten Winters) das folgende Jährlingsgeweih nicht viel stärker ausfällt als die vorhergegangenen »Kitzknöpfe«.

Solche Jährlingsböcke, die also praktisch in ihrer Geweihbildung ein Jahr im Rückstand sind (und oft auch körperlich entsprechend schwach erscheinen) bezeichnen wir als »Knopfböcke«. Sie stellen den allerunterdurchschnittlichsten Anteil der Jährlingsklasse dar und sollten unbedingt erlegt werden. Nachdem wir in die Jährlinge ja ohnehin bis in den normalen Durchschnitt hinein stark eingreifen müssen, brauchen wir nicht zu überlegen, ob aus so einem »Knopfer« nicht später doch noch ein passabler Bock werden könnte (was im Einzelfall durchaus möglich ist). Treten Knopfböcke unter den Jährlingen häufig auf, ist das ein Alarmzeichen für allgemein schlechte Lebensbedingungen und schlechte Verfassung des Wildes. Schuld sind meist ungenügende Äsung (zu hoher Wildbestand), Verseuchung mit Parasiten, aber auch wahlloser Abschuß von führenden Geißen im Herbst – denn verwaisten Bockkitzen geht es fast immer so schlecht, daß sie es als Jährlinge nur zu »Knöpfen« bringen. Auch überalterte Geißen setzen oft schwache Kitze, die sich derart schlecht weiterentwickeln.

**Mittelalte und reife Böcke**

*19 Gerade weil die Schatten des Gegenlichts keine Einzelheiten erkennen lassen, wirkt in diesem Bild das Wesentliche der Erscheinung eines alten Bockes: die massige Gestalt mit breitem Stich und Träger, der deutliche Widerrist (Schulterhöcker), der »grobe« Schädel mit mürrischem Gesichtsausdruck – das kann kein Jüngling mehr sein. Das verkrümmte, vermutlich bereits wirklich zurückgesetzte Altersgeweih paßt dazu.*

*20 Im Mai unter jungen Fichtentrieben noch voll im Winterhaar (nur am Träger wird es schon etwas locker) – aber längst blank gefegt. Breite, niedrige Rosenstöcke – alles Merkmale höheren Alters, vielleicht schon um das 8. Lebensjahr – doch wohl mindestens sechsjährig.*

*21 Ein blanker roter Sommerbock, wie er aufs Blatten zusteht: stark im Wildpret, kräftiger Träger, schon viel Grau um die Lichter, ein Bock im besten Alter. Im Zweifel vielleicht doch noch zu jung: vier-, fünf-, sechsjährig oder doch schon älter? Wer weiß? Die Rehböcke richten sich oft nicht nach den Regeln, die wir ihnen anhängen.*

*22 Ähnliche Zweifel bleiben bei diesem plötzlichen Anblick spitz von vorn, bei dem vor allem das starke Geweih imponiert. Vielleicht erst drei-, vielleicht schon sechs- oder siebenjährig – das ist oft kaum zu entscheiden.*

Mit Vererbung, wie man früher glaubte, hat das kaum zu tun, und deshalb hilft es auch auf die Dauer nicht, nur die Knopfböcke allein wegzuschießen, wenn nicht gleichzeitig die Ursachen für ihre schlechte Entwicklung beseitigt werden.

Rehböcke sind »frühreife« Geweihträger. Schon gut entwickelte Jährlinge können mit 6 Enden praktisch die »Endstufe« der Geweihbildung erreichen. Sieht man dem Jährling und dem Zweijährigen meist (nicht immer!) die »Jugendlichkeit« seines Geweihs an, so ist es vom jetzt vollreifen Dreijährigen an praktisch unmöglich, sichere Altersmerkmale am Geweih festzustellen.

Die Massigkeit der Stangen kann bis zum 8., 9. Jahr noch zunehmen, doch ist das Rehgeweih (das ja während des Winters, bei von Jahr zu Jahr stark unterschiedlichen Witterungs- und Ernährungsbedingungen geschoben wird) so labil, daß fast jeder Rehbock irgendwann in seinem Leben als typischer »Abschußbock« erscheinen kann, vorübergehend »zurücksetzt« und dann nicht mehr als der »gute Zukunftsbock« vom Jahr zuvor erkannt wird. Außerdem gibt es ganze Rehwildbestände, die sich als »Kümmerformen« schlechten Umweltverhältnissen angepaßt haben (zu wenig Äsung für zuviel Wild!) und unter denen nur ausnahmsweise einmal ein wirklich guter Bock erscheint. Auch das hat mit Vererbung kaum etwas zu tun. Wohl sind gewisse Geweih*formen* vererblich; aber wir sollten wirklich nicht nach unseren unmaßgeblichen Schönheitsbegriffen an einer »zu engen« oder »zu weiten« Auslage, an Schwung und Stellung von Stangen und Enden herumkritteln – wenn das Geweih nur stark und massig ist, als Ausdruck der Gesundheit und Reife seines Trägers. Darauf allein kommt es beim Rehbock an.

Bei der großen Schwierigkeit, in der Mittelklasse der Rehböcke – etwa vom 3. bis 7./8. Jahr, bevor deutlichere Altersmerkmale auftreten – das tatsächliche Alter anzusprechen, wird es immer wieder »Fehlabschüsse« geben (und zwar um so eher, je stärker die Böcke sind), wenn wir danach streben, »Ernteböcke« nicht vor dem 5./6. Jahr zu erlegen. Das ist richtig, doch sind solche Irrtümer kein Unglück, wenn nur immer wieder gut entwickelte Böcke nachwachsen – und das geht beim Rehwild eben viel schneller als z. B. beim »spätreifen« Rothirsch.

## Weibliches Rehwild

Beim weiblichen Wild fällt uns die Entscheidung leichter. Nach dem nötigen »Zahlabschluß« unter den *Kitzen* ist es nicht schwer, die geringsten *Schmalrehe* auszuwählen, besonders im Sommer (wo das erlaubt ist).

Die *Altgeißen* sprechen wir am besten danach an, ob sie gesunde und kräftige Kitze führen. Geißen mit schlecht entwickelten Kitzen gehören – zusammen mit ihrem Nach-

*23 Im Spätherbst wirft der Rehbock ab. Die linke Stange liegt schon am Boden, die rechte wird bald – vielleicht gleich, vielleicht auch erst nach Stunden – folgen.*

*24 Die Abwurfflächen der Rosenstöcke werden gleich wieder von den Rändern her von Bastgewebe überwallt.*

*25 Von Tag zu Tag kann man die »Kolben« förmlich wachsen sehen. Das Bastgewebe ist stark durchblutet, um die nötigen Aufbaustoffe heranzubringen. (Etwa 3 Wochen nach dem Abwerfen.)*

*26 Wieder etwa 3 Wochen später ist das Bastgeweih schon mehr als lauscherhoch, die Vereckung (Enden) deutet sich an.*

*27 Etwa 4 Wochen später zeigt das Geweih seine fertige Form, es ist »fertig vereckt«, der Bast hat seine Aufgabe erfüllt, seine Durchblutung läßt nach.*

*28 Rund 4 Monate nach dem Abwerfen hat der Bock sein neues Geweih frisch verfegt.*

*Daten der einzelnen Aufnahmen: 22. Dezember – 30. Dezember – 20. Januar – 10. Februar – 3. März – 28. April.*

## Der Geweihwechsel

25 ▷
26 ▷▷

wuchs – bevorzugt erlegt. So gelingt es auch am besten, überalterte Geißen rechtzeitig zu erlegen.

*Nicht führende* Altgeißen haben ihre Kitze meist frühzeitig verloren (durch Raubwild, Ausmähen, naßkalte Witterung in den ersten Lebenstagen). Seltener kommt es vor, daß eine Geiß nicht beschlagen wird bzw. nicht setzt, also ein Jahr »übergeht«. Noch seltener sind echte *»Geltgeißen«*, die also dauernd unfruchtbar (gelt) sind.

Wichtig ist vor allem, keine *führende* Geiß von den Kitzen wegzuschießen. Sind die Kitze noch klein und auf die Muttermilch angewiesen, müssen sie elend verhungern oder werden vom Fuchs gerissen. Diese Gefahr droht besonders dann, wenn – infolge nachlässigen Ansprechens – im Sommer eine führende Geiß mit einem Schmalreh verwechselt wird. Viele besorgte Jäger lehnen deshalb die Jagdzeit auf Schmalrehe im Sommer überhaupt ab. Aber auch im Herbst ist es nicht besser: Verwaiste Kitze verhungern jetzt zwar nicht gleich, sie können sich im September/Oktober gut selbst ernähren. Aber ohne *Führung* der Mutter kümmern sie unweigerlich (auch wenn sie vorher gut entwickelt waren), kommen schlecht über den Winter und werden schwache Schmalrehe bzw. Knopfböcke, die ihren normal aufgewachsenen Altersgenossen unterlegen sind. Deshalb immer *zuerst* die Kitze und erst dann die Geiß schießen!

---

### Die Abnützung des Gebisses

Rehwild hat das typische Wiederkäuer-Gebiß mit der Zahnformel $\frac{0\ 0\ 3\ 3}{4\ 0\ 3\ 3}$ (bezogen jeweils auf eine Hälfte *des Kiefers).*

*Also:* Im Oberkiefer keine *Schneidezähne,* keinen *Eckzahn* (nur ausnahmsweise treten kleine »Grandeln« als rudimentäre Eckzähne auf), insgesamt 6 Backenzähne; im Unterkiefer *4 Schneidezähne (von denen der 4. eigentlich der umgebildete Eckzahn ist!)* und ebenfalls 6 Backenzähne. Die Backenzähne teilen sich in je 3 Prämolaren (die bereits im Milchgebiß vorhanden sind) und 3 Molaren (die erst im Dauergebiß erscheinen).

*Der* Zahnwechsel *ist im Alter von 13–15 Monaten beendet.*

29 Unterkiefer zu Ende des 1. Lebensjahres (10–12 Monate): Die Prämolaren ($P_1$–$P_3$) sind noch die Milchzähne *kurz vor dem Wechsel;* sie sind bereits stark abgeschliffen und sitzen locker. Der $P_3$ ist als Milchzahn »dreiteilig«! Die Molaren ($M_1$–$M_3$) sind bereits vorhanden, $M_3$ noch nicht völlig herausgeschoben, alle spitz und scharfkantig.

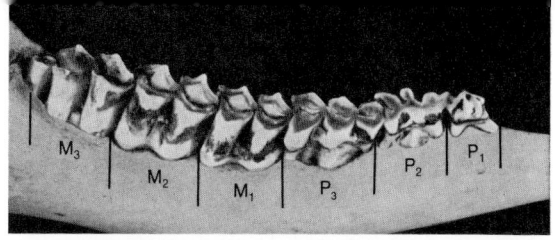

30 Fertiges Dauergebiß im 2. Lebensjahr. Der $P_3$ (3. Zahn von vorn) ist jetzt »zweiteilig«! Zahnkronen noch sägeartig scharf, erst geringe Abnützung.

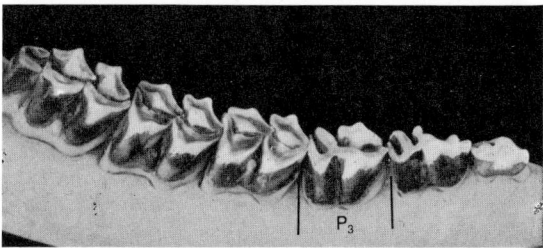

31 Beim 3–4jährigen Reh ist die Backenzahnreihe schon deutlich abgeschliffen. Am deutlichsten ist die Abnützung beim $M_1$ (4. Zahn von vorn), weil dieser der »älteste« Zahn im Dauergebiß ist (er erscheint beim Zahnwechsel zuerst).

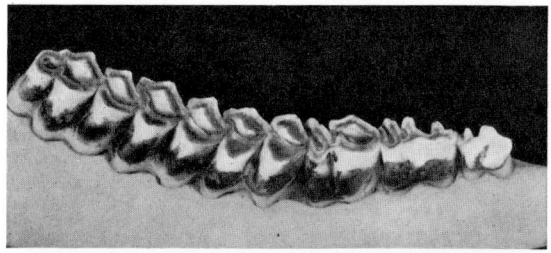

32 Zahnabschliff mit etwa 4–6 Jahren.

33 Zahnabschliff mit etwa 6–8 Jahren.

34 Im höheren Alter (etwa 8–10 Jahre) sind die scharfen Kauränder der Backenzähne ganz glatt geschliffen, die Schmelzfalten (»Kunden«) verschwinden allmählich.

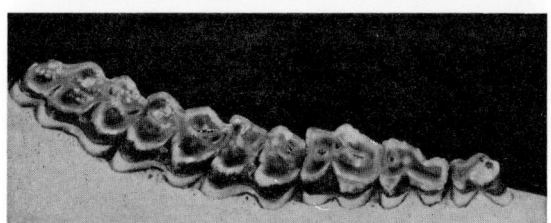

## Gesichtsfärbung und Muffelfleck

Betrachtet man Rehböcke im Sommer aus der Nähe (mit einem guten Fernglas), so erscheinen ihre Gesichter mehr oder weniger »bunt«: Von der rotbraunen oder gelbroten Grundfärbung hebt sich die dunklere, oft fast schwarze Stirnpartie um die Rosenstöcke ab (»Stirnlokke«); diese hellt sich über dem Stirn- und Nasenbein bis zum Windfang hin zu graubraunen Tönen auf. Dicht über dem Windfang zeigen manche Böcke einen besonders hellen, fast weißen Fleck, den sogenannten »Muffelfleck«. Ebenso kann sich die Färbung an den Seiten des Kopfes aufhellen, bis zu ausgesprochen hellgrauen »Brillen« um die Lichter.

Als Regel gilt, daß scharf abgegrenzte, klare Farben als Zeichen der Jugend, die mehr in Grautönen verschwimmenden Zeichnungen dagegen als Zeichen höheren Alters zu werten sind. Auch diese Regel bietet jedoch nur einen ungefähren Hinweis, in Verbindung mit anderen Merkmalen.

Nach der sog. »Vorbergschen Ansprechmethode« soll der helle Muffelfleck den Jährlingen meist noch fehlen und erst bei zweijährigen Böcken erscheinen, deren Gesicht dann besonders »bunt« erscheint. Mit höherem Alter »zerfließt« der Muffelfleck dann wieder. Auch dieses Merkmal ist vielen individuellen und örtlichen Abweichungen unterworfen.

35 *Jährling: Gesicht noch mehr einfarbig rotbraun, kein ausgeprägter Muffelfleck. (Beachte auch die hohen Rosenstöcke!)*

36 *Zweijähriger: »Buntes« Gesicht mit klarem Muffelfleck.*

37 *Älterer Bock: Zerfließende Grautöne umd Windfang und Lichter.*

35

36

37

# Ansprechübungen

Antworten zu den
Ansprechübungen s. Seite 37

42

43

44

45

58

60

59

61

## Antworten zu den Ansprechübungen

38 *Mittelalter bis älterer Bock im Winterhaar – Gestalt und Träger erscheinen dann immer massiger als im Sommer!*

39 *Mittelalter Bock, wohl eher noch unter 5 Jahren, im Zweifel noch zu schonen (die sehr hohen Stangen könnten noch stärker werden).*

40 *Sicher noch nicht alt! Vermutlich 3-, vielleicht auch erst 2jährig. Schonen!*

41 *Geringer Jährling. Schießen!*

42 *Noch voll im Winterhaar, Geweih gerade frisch verfegt (März): älterer Bock mit nur mittelmäßig entwickeltem Geweih.*

43 *Ganz geringer Jährling, »Knopfbock«. Schießen!*

44 *Vermutlich noch jüngerer Bock (3–4jährig). Im Zweifel schonen.*

45 *Noch jugendlich schlank, dünner Träger, vermutlich erst 2jährig, hohe, aber noch dünne Stangen. Schonen!*

46 *Wieder ein Bock im Winterhaar und daher nach Gestalt und Träger schlecht anzusprechen. Vermutlich schon älterer Bock mit verhältnismäßig geringem Geweih.*

47 *In dieser Stellung nicht leicht anzusprechen. Wahrscheinlich 3–4jährig. Im Zweifel schonen!*

48 *Jung, wahrscheinlich erst 2jährig, mit recht gut entwickeltem Geweih. Schonen!*

49 *Mittelalter Bock, noch im Winterhaar, am Träger schon struppig, bereits verfegt (April), etwa 3–5jährig.*

50 *Junger Bock, aber vermutlich kein Jährling mehr (Gesichtsfärbung!). Wahrscheinlich 2jährig mit für dieses Alter unterdurchschnittlicher Geweihbildung. Im Zweifel schießen!*

51 *Noch dünner Träger, 2-, 3-, vielleicht doch schon 4jährig? Leidliche Geweihbildung trotz geringer Vereckung. Im Zweifel schonen!*

52 *Zwei junge Böcke im Herbst, bereits ins Winterhaar verfärbt. Sicher nicht älter als 2jährig. Vielversprechende Geweihbildung. Schonen!*

53 *Gut entwickelter Jährling. Schonen!*

54 *Bock während des Schiebens im Winter. Mittelalt. Wann wird er fegen?*

55 *Älterer Bock im beginnenden Haarwechsel mit längst verfegtem starkem Geweih. Sicher 5jährig oder älter. Könnte im Sommer als »Erntebock« erlegt werden.*

56 *Schwer anzusprechen, vermutlich 2–4jährig, kaum älter. Im Zweifel schonen.*

57 *Die zierliche Figur eines jungen, wahrscheinlich erst 2jährigen Bockes mit sehr guter Geweihbildung. Schonen!*

58 *Auch noch jung: 2–3-, kaum 4jährig. Sehr gute Geweihbildung. Schonen!*

59 *Sehr gut entwickelter Jährling. Schonen!*

60 *Vielleicht doch noch jünger, als er nach dem Eindruck des starken Geweihs aussieht? Im Zweifel schonen – denn 5jährig sollte ein guter »Erntebock« doch mindestens sein!*

61 *Im Winterhaar (Spätherbst), sicher kein Jährling mehr, vermutlich schon älter als 3jährig, vielleicht sogar sehr alt und zurückgesetzt, mit weit unterdurchschnittlich entwickeltem Geweih (kurze, schwache und krumme Spieße): für die nächste Jagdzeit vormerken!*

# Besondere Beobachtungen

62 *Schreckender Bock.* Das Schrecken ist bei den Böcken nicht nur Schreck- und Warnlaut vor Gefahr, sondern dient auch als trotziges »Schimpfen« gegen Nachbarböcke zur Zeit der Einstandskämpfe im Frühjahr. Ältere Böcke haben im allgemeinen eine tiefere, rauhere Stimme als jüngere und Geißen; auch schrecken Böcke meist »sparsamer« als die oft anhaltend »plärrenden« Geißen.

63 *Schöpfender Bastbock.* Rehwild ist zwar in der Lage, seinen Flüssigkeitsbedarf weitgehend aus der Grünäsung bzw. dem der Äsung anhaftenden Tau- und Regenwasser zu decken. Wo offenes Wasser erreichbar ist, wird es aber gern angenommen.

64 *Fegen und Schlagen:* Auch wenn der Bast abgefegt ist, schlägt und reibt der Bock regelmäßig mit dem Geweih an dünnen Stämmchen, Sträuchern und Zweigen. Dabei werden Duftstoffe aus den Stirndrüsen zur geruchlichen Markierung des Territoriums abgesondert. Meist plätzt der Bock dabei auch mit den Vorderläufen.

65 *Einstangenbock.* Ist die fehlende Stange lediglich durch einen Unfall abgebrochen, ohne daß der Rosenstock beschädigt ist, wird sie im nächsten Jahr wieder normal geschoben. Dauernde Einstangigkeit kann ausnahmsweise durch schwere Beschädigung des betreffenden Rosenstocks oder durch einen seltenen erblichen Defekt hervorgerufen werden (wie auch völlige »Plattköpfigkeit«).

## Brunfttreiben

Die Brunft im Hochsommer (Ende Juli/Anfang August) ist die lebhafteste Zeit im Jahreslauf der Rehe. Die einzelne Geiß ist jeweils nur 2–3 Tage brunftig. Sie wird in dieser Zeit vom Bock getrieben (Paarungsvorspiel) und öfter beschlagen. Die Böcke suchen nach brunftigen Geißen und geraten dabei mitunter über die Grenzen ihrer Einstände hinaus. Das Brunfttreiben, das vor allem bei warmem Sommerwetter den ganzen Tag über anhält, gibt uns Gelegenheit zu vielen Beobachtungen. Das Blatten ist eine spezielle Art der Lockjagd auf den Brunftbock (»Blattzeit«) durch Nachahmen der Lautäußerungen der brunftigen Geiß (Fiepen, Angstgeschrei).

Das Rehwild hat die *früheste* Brunft unter allen Schalenwildarten. Daß die Kitze trotzdem im Mai/Juni gesetzt werden, wird durch die *Keimruhe* erreicht: Nach der Befruchtung *ruht* die Embryonalentwicklung und setzt erst wieder im Spätherbst (November/Dezember) ein. – Rehgeißen, die im Sommer nicht fruchtbar beschlagen wurden, können bei einer »Nachbrunft« im Spätherbst noch beschlagen werden. In diesem Ausnahmefall unterbleibt die Keimruhe.

66 *Suchender junger Bock (2jährig).*

67 *Mittelalter Bock beim Treiben . . .*

68 *. . . und beim Beschlag.*

# Rotwild

Das Rotwild ist die stärkste bei uns noch freilebende Schalenwildart. Es hat heute kein zusammenhängendes Verbreitungsgebiet mehr; denn die menschliche Landeskultur hat dieses Hochwild auf die größeren geschlossenen Waldgebiete zurückgedrängt. Deshalb kommt Rotwild hauptsächlich in den Wäldern der Mittelgebirge und der Alpen vor; im norddeutschen Flachland hat es sein Hauptvorkommen in der Lüneburger Heide bis zu den Auwäldern an der Elbe und weiter in kleineren Waldgebieten Schleswig-Holsteins.

## Vorkommen, Lebensweise

Ursprünglich war Rotwild kein ausgesprochener Bewohner geschlossener Wälder, sondern bevorzugte aufgelockerte Waldsteppen-, Heide- und Moorlandschaften sowie lichte Auwälder, wie heute noch in den Weiten Osteuropas. Die Erhaltung einer so starken, noch dazu gern in größeren Rudeln lebenden Wildart, die weiträumige Lebensräume beansprucht, wirft in unseren Wirtschaftswäldern erhebliche Probleme auf, deren Lösung sowohl vom Jäger wie vom Waldbesitzer und Forstmann gewisse Opfer verlangt. In den Bergwäldern ist der heute noch verfügbare Lebensraum oft unvollständig: Das Rotwild kann bei Einbruch des Winters keine weiten Wanderungen hinaus in die Täler und das Vorland unternehmen, um dort in Auwäldern und Mooren den Winter zu überstehen, wie in früheren Jahrhunderten. Es muß daher in den tieferen Lagen der Bergwälder durch »künstliche« Fütterung über den Winter gebracht werden.

Sogar während der Vegetationszeit bietet der geschlossene Wald dem Rotwild meist zu wenig natürliche Äsung, so daß eigene Äsungsflächen auf Wildwiesen und Schneisen angelegt werden müssen. Die zunehmende Unruhe in den von Menschen überlaufenen »Erholungswäldern« hindert das Rotwild jedoch oft daran, die verfügbaren Äsungsflächen seinen natürlichen Bedürfnissen gemäß (Äsungsrhythmus) regelmäßig aufzusuchen. Die Folge davon sind wiederum stärkere Wildschäden in den ruhigeren Dickungseinständen, vor allem das »Schälen« von Baumrinden. Rotwildhege ist also eine schwierige Aufgabe. Sie verlangt gute Zusammenarbeit aller Beteiligten in den *Rotwildringen*. Jährlich werden in der Bundesrepublik rund 30 000 Stück Rotwild erlegt. Alle Lebensgewohnheiten des Rotwildes werden von seinem Bedürfnis zu *geselligem* Leben bestimmt: es ist ein »Rudeltier« mit ausgeprägten sozialen Bindungen; es fühlt sich erst in der Gemeinschaft des Rudels wohl – ganz im Gegensatz zum einzelgängerischen, vorwiegend »territorial« lebenden Rehwild.

1 *Zwei Kälber im Winter. Das Ansprechen der Geschlechter ist äußerst schwierig; es gibt keine zuverlässigen Merkmale, es sei denn, man beobachtet ein Kalb beim Nässen. Das etwas stärkere, dunklere Kalb rechts, mit anscheinend breiterer Stirn, könnte vielleicht ein Hirschkalb, das zierlichere links ein Wildkalb sein – sicher ist es nicht!*

2 *Noch bis in den Spätwinter gehen Kälber gern an die »Spinne« des Muttertieres. Auch wenn der Muttermilch jetzt kaum noch eine Rolle für die Ernährung spielt, zeigt das Säugen die fortbestehende enge Mutter-Kind-Bindung. Verwaiste Kälber werden vom Rudel abgeschlagen, kümmern und gehen meist ein. Deshalb Vorsicht beim Jagen auf Kahlwild: führende Tiere stets schonen!*

3 *Die typische »Mutterfamilie« im Sommer: Alttier mit Kalb und Schmaltier (Kalb des Vorjahres).*

1

2

3

Rotwild kann ein Höchstalter von 20 Jahren und mehr erreichen. Es erscheint im Vergleich zum Rehwild »spätreif«, das einzelne Stück ist leichter auf sein ungefähres Alter anzusprechen, außerdem wird das Ansprechen meist dadurch erleichtert, daß wir die Stücke eines Rudels miteinander vergleichen können.

## Bezeichnung der Altersstufen

| Lebensjahr | männlich | weiblich |
|---|---|---|
| 1. Lebensjahr: Kalb | Hirschkalb | Tierkalb, Wildkalb |
| 2. Lebensjahr | Schmalspießer, Hirsch vom 1. Kopf | Schmaltier, Schmalstuck |
| 3. Lebensjahr | 2jähriger Hirsch, Hirsch vom 2. Kopf | 2jähriges Tier, Stuck |
| 4. Lebensjahr | 3jähriger Hirsch, Hirsch vom 3. Kopf | 3jähriges Tier, Stuck |

Fortpflanzungsfähig ist Rotwild vom 2. Lebensjahr an, körperlich voll erwachsen das Tier im 3., der Hirsch im 5. Lebensjahr.
2jährige Tiere, die noch kein Kalb gesetzt haben ( weil sie als Schmaltiere noch nicht beschlagen wurden bzw. nicht aufgenommen haben), heißen *»übergehende Schmaltiere«*. Sie kommen unter ungünstigen Lebensbedingungen (z. B. im Hochgebirge) häufiger vor. Sobald das Tier erstmals gesetzt hat (also vom 3., ausnahmsweise vom 4. Lebensjahr an), heißt es *Alttier* (im Unterschied zum Schmaltier). In den Alpenländern ist der Ausdruck »*Stuck*« gebräuchlich: ein führendes Alttier heißt »*Kälberstuck*«. – Der Sammelbegriff für weibliches Wild samt Kälbern ist »*Kahlwild*«.
In Anbetracht aller Schwierigkeiten, die sich der Rotwildhege heute entgegenstellen, kommt es bei diesem Wild ganz besonders darauf an, daß alle jagdlichen Eingriffe dem Ziel der Hege dienen, nämlich erstens die *Zahl* des Wildes dem verfügbaren Lebensraum entsprechend zu begrenzen und gleichzeitig die *Gliederung* nach Geschlechtern und Altersaufbau so günstig wie möglich zu gestalten. Anzustreben ist besonders, das Geschlechterverhältnis von 1:1 unbedingt einzuhalten, also den Bestand nicht mit mehr Kahlwild als unbedingt nötig zu belasten, sowie alles »überflüssige« Jungwild rechtzeitig wegzunehmen.
Das Reifealter des starken Hirsches liegt zwischen dem 11. und 14. Lebensjahr (10.–13. Kopf). Damit verhältnismäßig viele Hirsche in dieses Alter hineinwachsen können, müssen wir die mittelalten Hirsche, die also nach dem starken »Zahlabschuß« der Jugendklasse übriggeblieben sind, weitgehend schonen. – Das ist beim Rothirsch noch wichtiger als beim Rehbock, weil wir es hier mit viel längeren Zeiträumen zu tun haben und sich »Fehlabschüsse« nicht so schnell wieder ausgleichen wie beim kurzlebigeren und zahlreicheren Rehwild.

4 *Jüngeres Alttier.*

5 *Kopf eines Kalbes im Winter, gegen Ende des 1. Lebensjahres: noch »kindlich« kurzer, rundlicher Kopf. Bei den Hirschkälbern beginnen sich jetzt die Rosenstöcke abzuzeichnen.*

6 *Älteres Alttier im Sommer: langer, »trockener« Kopf, starker Körperbau.*

43

## Die Mutterfamilie

Das hochbeschlagene Tier sondert sich im Mai/Juni (bis Anfang Juli) vom Rudel ab und setzt in einer sicheren Deckung sein Kalb. (Zwillingsgeburten sind beim Rotwild sehr seltene Ausnahmen.) Die Kälber zeigen eine weiße Fleckenzeichnung, ähnlich wie wir sie von den Rehkitzen kennen. In den ersten Lebenstagen legen sie sich ab, das heißt, sie drücken sich fest und reglos an den Boden, um vor Feinden möglichst sicher zu sein. Das Alttier hält sich wachsam in der weiteren Umgebung auf und sucht sein Kalb regelmäßig auf, um es zu säugen und die Körperpflege vorzunehmen (Belecken, besonders »massieren« um das Weidloch, um es zum Lösen anzuregen).

In jener Zeit, wenn sich die Alttiere in ihre »Wochenstuben« zurückgezogen haben, sind die Kahlwildrudel praktisch aufgelöst. Das einjährige Jungwild (also Schmaltiere und Schmalspießer, dazu noch manche Hirsche vom 2. Kopf) sucht gegenseitigen Anschluß. Aber schon bald – etwa in der 2. Lebenswoche der Kälber – treten die führenden Tiere mit ihren Kälbern wieder zum Rudel.

Diese Kahlwildrudel sind ausgesprochene *»Mutterfamilien«*. Die kleinste Einheit sind das Alttier mit seinem Kalb und dem Schmaltier bzw. Schmalspießer vom Vorjahr. Während sich die Hirsche vom 2. Kopf an von der Mutterfamilie lösen, bleiben die weiblichen Nachkommen mit der Mutter verbunden: Die jüngeren Tiere führen ihre Kälber immer wieder dem Rudel zu. Das *Leittier* des Rudels ist in der Regel das älteste, erfahrenste Stück, sozusagen die »Stamm-Mutter« des Rudels.

Die Größe der Rudel ist abhängig von der Häufigkeit des Rotwildes (Wilddichte) und von der Landschaftsform. Ist das Wild zahlreich und lebt es in aufgelockerter Landschaft (»Waldsteppe«), bilden sich große Rudel von mehreren Dutzend Stücken (wie z. B. in den Heiden des Schottischen Hochlandes oder auf den Hochalmen im Schweizerischen Nationalpark). In geschlossenen Waldgebieten und bei geringer Wilddichte (wie in den meisten heutigen Wirtschaftswäldern) gibt es kleine Rudel von 3 oder 6, kaum mehr als 12 Stück. Wenn die nach den jeweiligen Umständen günstigste Rudelgröße überschritten wird, spalten sich neue »Mutterfamilien« ab und bilden eigene Rudel. Zeitweise können sich mehrere kleine Rudel zu größeren Verbänden zusammenschließen, so vor allem im Winter (»Fütterungsrudel« bzw. zur Wanderung in günstige Wintereinstände, oft über sehr weite Entfernungen).

Innerhalb der Rudel herrscht eine ausgeprägte soziale *Rangordnung*. Die einzelnen Stücke kennen einander genau.

## Kahlwild richtig ansprechen

Im Rudel erleichtert der Vergleich zwischen den einzelnen Stücken das Ansprechen. Die *Kälber* sind leicht von den

7 *Alttier im Sommer (Juli/August) mit saugendem Kalb.*

8 *Im Winter sind starke Kälber und schwache Schmaltiere oft schwer zu unterscheiden. So könnte man bei diesem Bild im Zweifel sein, ob neben dem Alttier (links) ein stärkeres und ein geringes Kalb äsen, ob das Stück in der Mitte ein schwaches Schmaltier ist oder ob es sich sogar um zwei Schmaltiere handelt, wobei das rechts im Bild ganz außerordentlich schwach wäre. Vorausgesetzt, daß beide zu dem Alttier gehören (was sich bei weiterer Beobachtung des Rudels erweist), handelt es sich wahrscheinlich um Schmaltier und Kalb. Alle drei Stücke sind schwach.*

7

8

erwachsenen Tieren zu unterscheiden, und der Vergleich zeigt uns auch, welches die schwächsten sind. Auch beim Rotwild ist es so, daß im Herbst (September/Oktober) die Kälber als erste ins dunkel-braungraue Winterhaar *verfärben,* gefolgt von den gesunden Schmaltieren, zuletzt die ältesten Alttiere.

Dagegen ist es (anders als beim Rehwild) schwierig, die Kälber auf ihr *Geschlecht* anzusprechen. Bei Beginn der Jagdzeit (August) ist das so gut wie unmöglich. Im Lauf des Herbstes nimmt die Unterscheidungsmöglichkeit etwas zu, und im Winter wirken *starke* Hirschkälber mit ihrem »dikkeren« (stärker behaarten) Hals und breiterer Stirnpartie oft schon deutlich »männlicher« als die zierlicheren Wildkälber. Schwache Kälber sind aber kaum sicher auf ihr Geschlecht anzusprechen. Diese gehören aber ohnehin vorzugsweise erlegt, gleich ob männlich oder weiblich.

Möglichst sollte dazu auch die Mutter erlegt werden, die so schwachen Nachwuchs hat. Es braucht oft längere Beobachtung eines äsenden Rudels, um herauszufinden, welches Kalb zu welchem Tier gehört. Zieht ein Rudel vertraut auf dem Wechsel, so wird meist die Gliederung in die einzelnen »Mutterfamilien« eingehalten: an der Spitze zieht das Leittier, gefolgt von seinem Kalb und seinem Schmaltier (bzw. Schmalspießer), es folgt das rangnächste Alttier mit seinem Kalb und Schmaltier und so weiter. Beim flüchtigen Rudel, vor allem wenn es bei einer Treibjagd »gesprengt« wird, ist darauf kein Verlaß. Deshalb sollte Rotwild möglichst auf der Einzeljagd oder auf Drück- und Riegeljagden bejagt werden, bei denen es nur vorsichtig »angerührt« wird und dann ruhig und in gewohnter Ordnung vor die Schützen zieht.

Das ist deshalb wichtig, damit kein führendes Tier vom Kalb weggeschossen wird. Verwaiste Kälber werden von den anderen Tieren des Rudels unbarmherzig abgeschlagen und finden höchstens noch bei einem Trupp Hirsche losen Anschluß, wo sie wenigstens geduldet, aber auch nicht betreut und geführt werden wie von der Mutter. Deren erfahrene Führung ist für das Wohlbefinden und die normale Entwicklung der Kälber notwendig, gerade im ersten Winter ihres Lebens, wenn sie längst nicht mehr auf die Muttermilch angewiesen sind. Aus der Gemeinschaft des Rudels ausgestoßene »Waisenkinder« kümmern und bleiben in der Entwicklung zurück.

Das gilt um so mehr während der Säugezeit im Sommer. Auch für das Rotwild gilt (wie beim Rehwild), daß bei der Jagd auf *Schmaltiere* im Sommer (Juni–August) das *Gesäuge* (bzw. dessen Fehlen) das einzige wirklich zuverlässige Unterscheidungsmerkmal zwischen einem führenden und nicht führenden Stück ist. Das Gesäuge des Alttiers ist relativ kleiner und mehr zwischen den Keulen »versteckt« als die pralle »Spinne« einer Rehgeiß – deshalb noch größere Sorgfalt beim Ansprechen!

9 *Der Platzhirsch beim Rudel. Starker, doch wahrscheinlich noch nicht vollreifer Hirsch (8.–10. Kopf). Zwischen den beiden Alttieren vorne ein auffällig schwaches Kalb, das noch »Kälberflecken« zeigt (zu spät gesetzt).*

10 *Ein typisches »Fütterungsrudel« im Hochgebirge. Hier mischen sich auch jüngere Hirsche unter das Kahlwild. Das Kahlwild wartet, bis die beiden Hirsche rechts die Futtertröge freigeben.*

9

10

# Hirsche unter sich

Das Leben der Hirsche verläuft weitgehend getrennt vom Kahlwild. Nur als Kälber und im 2. Lebensjahr (als Schmalspießer) stehen sie im Kahlwildrudel. Vom 3. Lebensjahr (2. Kopf) an bilden die Hirsche eigene Verbände (Trupps = kleinere Rudel). Die jüngeren (2./3. Kopf, ausnahmsweise auch der eine oder andere ältere Hirsch) halten manchmal noch losen Anschluß an ein Kahlwildrudel. In der Regel beziehen sie aber eigene Einstände, die von denen des Kahlwildes oft weit entfernt sind.

Das Verhalten der Hirsche wird dabei wesentlich von der Periodik der *Geweihentwicklung* bestimmt.

Diese beginnt im 2. Lebensjahr mit der Bildung der Rosenstöcke und der Spieße »*vom 1. Kopf*«. (Anders als beim Rehbock, kommt es beim Rothirsch also im 1. Lebensjahr, als Hirschkalb, noch *nicht* zur Geweihbildung. Das reguläre Erstlingsgeweih entsteht erst im 2. Lebensjahr, beim Schmalspießer.) Dieser »1. Kopf« besteht bei normaler Entwicklung aus einfachen Spießen, die mindestens lauscherhoch sein sollen, bei guter Entwicklung auch schon 20–30 cm lang sein können. Ja, ausnahmsweise können im mittleren oder oberen Bereich dieser Spieße schon kleine Enden erscheinen. Wir sprechen dann von »Kronenspießern« oder »Gabelspießern« – ein Zeichen besonders guter Jugendentwicklung. Diese Spieße werden *spät*, meist erst im September, *verfegt*. Entsprechend *spät* wirft der Schmalspießer dann im April ab.

Es folgt das Geweih *vom 2. Kopf*. Es zeigt bei normaler Entwicklung bereits 6 oder 8 Enden, kann bei besonders guter Entwicklung sogar schon geringe Kronen bilden. Bei schlechter Entwicklung schiebt der Hirsch vom 2. Kopf wieder nur Spieße oder – wenn zum Spieß noch die Augsprosse kommt – Gabeln (Augsprossengabler).

Ein starker Schmalspießer ist manchmal nicht leicht von einem geringen Spießer vom 2. Kopf zu unterscheiden. Die Spieße vom 2. Kopf zeigen meist schon deutliche, etwas nach vorn geschwungene Auslage, oft auch einen Knick oder eine »Leiste«, wo die Mittelsprosse hingehört – und sie haben stets *Rosen*. (Während dem 1. Kopf, wie jedem Erstlingsgeweih, die Rose fehlt; die Spieße sind die glatte Verlängerung des Rosenstockes.) Am lebenden Hirsch sind die Rosen aber schwer anzusprechen, weil vom Stirnhaar weitgehend verdeckt.

Das Geweih vom 2. Kopf wird in der Regel schon im August verfegt und im März abgeworfen.

Das Geweih *vom 3. Kopf* soll mindestens schon ein Achtergeweih mit guten Gabelenden sein. Vom 4., spätestens 5. Kopf an soll die Krone gebildet werden.

Die erwachsenen Hirsche *verfegen* ihr Geweih *Ende Juli/Anfang August* und *werfen Ende Februar/Mitte März ab*.

Der Rothirsch schiebt sein Geweih also vom Vorfrühling an in die warme und äsungsreiche Zeit hinein und verfegt im Hochsommer. Seine Geweihbildung verläuft wesentlich

**Seite 49:**
11 *Jugendlich schlanke Gestalt, dünner Hals (Träger), hohe Rosenstöcke: ein Schmalspießer mit guten, fast doppelt lauscherhohen Spießen – keine Rosen!*

12 *Im Gegensatz dazu ein gering entwickelter Spießer vom 2. Kopf: deutliche Rosen auf ebenfalls noch hohen, aber doch schon flacheren Rosenstöcken, Spieße seitlich ausgelegt und von der Mitte aufwärts blank poliert, in blanke Spitzen auslaufend.*

13 *Die zierliche Figur dieses Hirsches paßt zu einem Schmalspießer. Doch nur unter ganz besonders günstigen Lebensbedingungen können Spieße vom 1. Kopf so lang und stark werden. Rosenstöcke und Rosen sind aus diesem Blickwinkel nicht zu erkennen.*

**Seite 50:**
14 *Jugendlich schlanke, hochläufige Gestalt, noch kein ausgeprägter Widerrist (Schulterhöcker), trotz Brunftmähne noch schlanker Träger, Geweih gut entwickelt, aber noch ohne Wucht und Masse: 4./5. Kopf.*
*Gutes Beispiel für die »Rechtecksform« des »frohwüchsigen« jugendlichen Geweihs.*

**Seite 51:**
15 *Ein Beispiel schlechter Geweihbildung: Sechser vom wahrscheinlich schon 3./4. Kopf, Mittelsprossen viel kürzer als Augsprossen, typische »Dreiecksform«.*

16 *Dagegen dieser gut entwickelte Achter vom 2. Kopf: lange Mittelsprossen, gute Gabeln, »stumpfe« Endenspitzen. Er könnte es mit dem 3. Kopf schon zum Kronenzehner bringen!*

17 *Beidseitige Kronen zeigt dieser Junghirsch, ein Kronenzehner vom wahrscheinlich erst 3. Kopf. Der schlanke Körper und Träger mit hoch erhobenem Haupt verrät mit der Jugend. Auch das Geweih wirkt noch »zierlich«.*

11
12  13

15

16

17

14

stabiler als beim Rehbock (der während der winterlichen Notzeit schiebt). Deshalb sind Hirsche leichter von Jahr zu Jahr am Geweih wiederzuerkennen, und die allmähliche Entwicklung des Geweihs im Leben eines Hirsches, von der Jugendform bis zum reifen Altersgeweih (und schließlich dem greisenhaften Zurücksetzen), verläuft regelmäßiger als beim Rehbock.

Die älteren Hirsche werfen zuerst ab (oft noch an der Winterfütterung). »Kahlköpfig« fallen sie in der sozialen Rangordnung gegenüber den noch geweihtragenden mittelalten Hirschen zurück. Während des Geweihschiebens *(Kolbenzeit)* schließen sich die Hirsche, nach Altersgruppen geordnet, zusammen. Streitigkeiten werden jetzt durch Schlagen mit den Vorderläufen ausgetragen.

Wenn im Sommer die Geweihe verfegt werden, bleiben die Hirsche weiter beisammen: größere Gruppen von Junghirschen, kleinere von mittelalten; die alten, reifen Hirsche stehen meist einzeln mit zwei oder drei mittelalten. Jetzt wird die Rangordnung in mehr spielerischem Kräftemessen *(Scherzen)* mit den Geweihen gefestigt. Der große Nahrungsbedarf für den Geweihaufbau hört auf. Die Hirsche werden faul und äsen sich als »*Feisthirsche*« Reserven für die Brunft an. (»*Feistzeit*« = zwischen Verfegen und Brunft.)

Der Zeitpunkt des Verfegens und das gegenseitige Verhalten in den Rudeln geben uns Anhaltspunkte für das Ansprechen. Unter den älteren Hirschen tritt der erfahrenste (älteste auch stärkste) meist zuletzt zur Äsung aus. (Er läßt seinen jüngeren Begleitern als »Vorposten« den Vortritt.)

Die Feisthirschrudel lösen sich Anfang September allmählich auf: die älteren Hirsche beginnen zu »suchen«, sie ziehen (manchmal über weite Strecken) zu den Kahlwildrudeln, in denen die *Brunft* beginnt, und stellen sich schließlich als »Platzhirsche« zu einem Rudel mit brunftigen Tieren. Die jüngeren Hirsche folgen ihnen als »Beihirsche« in die Nähe der Rudel. Es beginnt das großartige Naturschauspiel der Hirschbrunft mit den gewaltigen Stimmäußerungen der röhrenden Hirsche. Jetzt kommt es auch zu ernsthaften Kämpfen zwischen den Hirschen um die Beherrschung eines Brunftplatzes.

Nach der Brunft stehen die Hirsche wieder friedlich beisammen, ähnlich wie zur Feistzeit, meist aber nicht mehr so weit von den Kahlwildrudeln getrennt, um schließlich die Wintereinstände aufzusuchen.

## Hirsche richtig ansprechen

Neben den oben genannten Merkmalen gibt uns der *Körperbau* gute Hinweise auf das Alter. Der Übergang von der jugendlich-schlanken Erscheinung des Junghirsches (2./3. Kopf) über die allmählich immer wuchtiger werdenden Proportionen im mittleren Alter bis zu der richtig »bulli-

18 *Für den 2. Kopf könnte so ein Sechsergeweih noch angehen. Das Haupt dieses niedergetanen (und deshalb schwerer anzusprechenden) Hirsches mit den schon flacheren Rosenstöcken deutet aber auf den 3., wenn nicht 4. Kopf. Dafür ist das Geweih völlig ungenügend.*

19 *Ein älterer Hirsch, dessen Geweih keinerlei Jugendmerkmale mehr aufweist. Auffallend das »bullige« Haupt mit ganz flachen Rosenstöcken – Merkmal höheren Alters. Auch der Träger erscheint massig. Vom Rumpf ist beim niedergetanen Hirsch wenig zu erkennen. Der Hirsch ist vermutlich älter als 10 jährig. Seinem massigen, aber endenarmen Geweih nach würde er nach den herkömmlichen Richtlinien in die Klasse »I b« fallen. (Reifer Ernte hirsch mit kleinen »Schönheitsfehlern«.)*

20 *Spitz von vorn ist der Hirsch schwer anzusprechen. Vor allem beeindruckt das starke Geweih, auch wenn rechts die Krone fehlt. Die Masse scheint bereits unterhalb der sehr langen Mittelsprossen zu liegen. Die tiefe Haltung des Hauptes beim Ziehen spricht für höheres Alter.*

*Erst Bild Nr. 22 auf der nächsten Bildseite bringt Gewißheit. (Hirsche möglichst von allen Seiten ansprechen! Der »erste Blick« unter ungünstigen Bedingungen kann täuschen!)*

18

19

20

gen« Altersform (mit schwerem Haupt, dickem Träger und wuchtigem »Vorschlag« mit »Wamme«, ausgeprägtem Schulterhöcker und »Hängebauch«) ist nicht zu übersehen. Schwierig ist natürlich die Entscheidung in der »gehobenen Mittelklasse«, wenn es darum geht, ob ein starker Hirsch wirklich schon die Altersreife (mindestens 10., besser 11.–13. Kopf) erreicht hat, oder ob er mit dem 8.–10. Kopf um die entscheidenden Reifejahre zu früh erlegt wäre. Ein besonders »dickbäuchiger« Feisthirsch oder ein besonders »urgewaltig« wirkender Brunfthirsch täuschen höheres Alter vor. Vor allem ist die *Stimme* eines Brunfthirsches ein sehr trügerisches Merkmal. Es gibt individuell verschieden »hohe« und »tiefe« Stimmen, und im Verlauf der Brunft kann sich ein jüngerer Hirsch mit zunächst hellerer Stimme ebenso »einschreien«, wie umgekehrt der tiefe Baß eines Althirsches »heiser« werden kann.

Am aktivsten und lautfreudigsten sind in der Regel die Hirsche der oberen Mittelklasse um den 8.–10. Kopf, während sich wirkliche Althirsche oft nur mit einem einzigen brunftigen Tier abseits der Brunftrudel halten und sparsam »brummend« melden.

Unabhängig von der Endenzahl (es gibt 3jährige 14-Ender ebenso wie 12jährige Achter oder Zehner) ist das »jugendlich« unreife *Geweih* zwischen dem 2. und 4./5. Kopf meist leicht zu erkennen. Wenn um diese Zeit das Körperwachstum des Hirsches im wesentlichen beendet ist, macht das Geweih um den 5./6. Kopf oft einen starken »*Sprung*«: es nimmt von einem zum anderen Jahr unverhältnismäßig an Stärke und Endenzahl zu – der Hirsch ist jetzt auch seinem Sozialverhalten nach voll erwachsen und nimmt in der Brunft ernsthaft an den Auseinandersetzungen um den Rang eines Platzhirsches teil.

Hat er dabei Erfolg und verausgabt sich stark in der Brunft (wobei er kaum Äsung aufnimmt), kommt es in dieser Zeit höchster Brunftaktivität um den 7.–9. Kopf manchmal zu einem »unechten« Zurücksetzen: das nächste Folgegeweih ist wieder etwas schwächer. Das wird im reiferen Alter aufgeholt, und den *Höhepunkt der Geweihstärke* erreicht der Hirsch meist nicht vor dem 12. Kopf. Danach – etwa um den 15./16. Kopf – kommt das altersbedingte echte (greisenhafte) *Zurücksetzen*.

»Wüchsige« jugendliche Geweihe haben »die Masse oben«: kräftige Mittelsprossen, gute Gabel- bzw. Kronenenden. »Stumpfe« (»brandige«) Enden sind beim Junghirsch ein Zeichen guter Entwicklung. Schlecht entwickelte, endenarme Geweihe fallen nach oben hin ab, sie passen (mit längerer Augsprosse, kürzerer Mittelsprosse und schwacher Gabel bzw. Krone) etwa in ein *Dreieck*, das gut entwickelte Geweih dagegen in ein *Rechteck*, wenn wir es von der Seite betrachten (siehe Zeichnung rechts oben).

Mit zunehmendem Alter verlagert sich die Geweihmasse mehr nach unten: über starken Rosen sitzen kräftige, nach unten geschwungene Augsprossen, und der Bereich oberhalb der Mittelsprossen hat nicht mehr das optische Über-

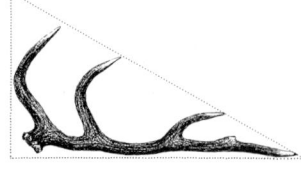

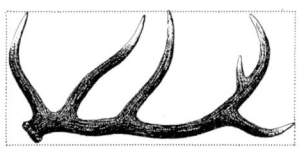

*»Dreiecksform« (schlechte Entwicklung) und »Rechtecksform« (gute Entwicklung) von Geweihstangen.*

21 *Das Winterhaar täuscht größere »Massigkeit« des Körpers vor. Doch ist der Vorschlag im Vergleich zum Rumpf noch nicht so »bullig« wie beim wirklich alten Hirsch. Vermutlich 8.–10. Kopf, mit guter Geweihbildung.*

22 *Dieser Hirsch zeigt wirkliche Altersmerkmale: wuchtiges Haupt auf starkem Träger, mächtiger Vorschlag, ausgeprägter Widerrist mit »Senkrücken«. Das wuchtige Geweih mit nach unten verlagerter Masse paßt dazu. Sicher älter als 10. Kopf, vollreifer »Erntehirsch«. Ein Vergleich der Besonderheiten am Geweih (besonders die verkürzte linke Augsprosse, die starken Mittelsprossen, die »geflammten« Kronenenden links und die weite Gabel rechts) zeigt zweifelsfrei, daß es sich um denselben Hirsch handelt wie auf Bild Nr. 20!*

21

22

gewicht. Mit einer wichtigen Ausnahme: Im Hochgebirge beginnen gerade die früh abwerfenden Althirsche oft noch im harten Nachwinter (März) mit dem Schieben und bringen dabei nur eine verhältnismäßig geringe Basis zustande. Erst mit besserer Äsung kommen die oberen Bereiche des Geweihs zur vollen Stärke, so daß unter solchen Bedingungen gerade sehr alte Hirsche oft die Hauptmasse des Geweihs »oben« zeigen und damit ein geringeres Alter vortäuschen.

In den einzelnen Rotwildgebieten gibt es sehr differenzierte Bejagungsrichtlinien, in denen für die einzelnen Altersklassen festgelegt ist, welche Geweihstärke (hauptsächlich nach dem Geweihgewicht, aber auch nach der Endenzahl, besonders der »Kronenfreudigkeit« beurteilt) zu verlangen ist.

## Altersschätzung nach dem Gebiß

Auch beim Rotwild bietet der Abschliff des Gebisses eine brauchbare Kontrolle des Ansprechens am erlegten Stück, nach ähnlichen Grundsätzen wie beim Rehwild.
Die Zahnformel zeigt wieder das typische Wiederkäuergebiß: $\frac{0\ 1\ 3\ 3}{4\ 0\ 3\ 3}$. Unterschiede zum Rehwild sind die regelmäßig vorhandenen *Grandeln* (rückgebildete Eckzähne im Oberkiefer) sowie die längere Dauer des *Zahnwechsels*. Dieser ist mit 30–33 Monaten, also erst gegen Mitte des 3. Lebensjahres beendet, das ist ein Jahr später als beim Rehwild.

23 *Hirsche kurz nach dem Abwerfen (Ende März). Beim Hirsch rechts beginnen die Abwurfflächen der Rosenstöcke gerade erst zu überwallen. Beim Hirsch links vorne deutet sich schon die Abspaltung der Augsprosse von der Stange an; bei dem im Hintergrund ist dieser Vorgang bereits weiter fortgeschritten.*

24 *Mitte/Ende Mai ist die Entwicklung der Bastgeweihe schon weit fortgeschritten: Aug-, Eis- und Mittelsprosse sind fast fertig; oben beginnen sich die Stangen in die Kronenenden zu verzweigen. – Die Hirsche fechten ihre Rangordnung hoch aufgerichtet durch Schlagen mit den Vorderläufen aus.*

25 *Gegen Mitte Juli ist das Bastgeweih »fertig vereckt«, das Wachstum abgeschlossen.*

26 *Bald darauf (Ende Juli/Anfang August) hat der Hirsch verfegt – die Feistzeit beginnt.*

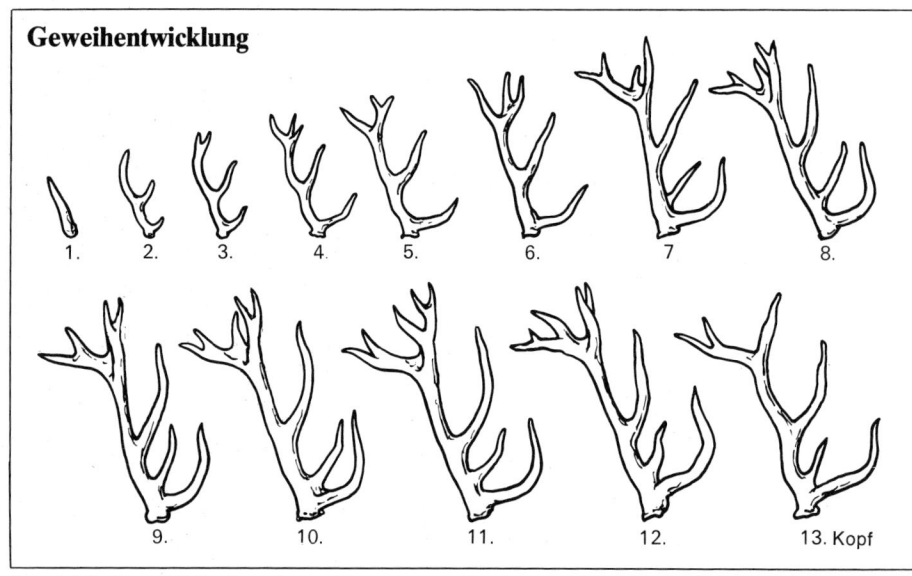

*Beispiel für die mögliche Geweihentwicklung eines Rothirsches vom 1. bis 13. Kopf. Gute, enden- und kronenfreudige Entwicklung, die dem »Hegeziel« entspricht.*                     *Aus Nüßlein, »Jagdkunde«*

23 24
25 26

## Feisthirsch und Brunfthirsch: Wandel der äußeren Erscheinung

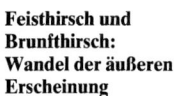

Der Feisthirsch erscheint »aalglatt« im knappen, hirschroten Sommerhaar. Er hat sich einen »dicken Bauch« angeäst; der Hals (Träger) erscheint demgegenüber fast schlank. Der Brunfthirsch erscheint mit der jetzt stark ausgeprägten Halsmähne (»Brunftkragen«) und im Übergang zum braunroten Winterhaar »uriger«. Die Halsmähne betont den schweren »Vorschlag«: die Partie vor den Vorderläufen bildet – zumindest optisch – den Schwerpunkt des Körpers. Der »Hängebauch« des Feisthirsches ist verschwunden; gegen Ende der Brunft sind gerade starke Hirsche oft auffallend abgemagert (abgebrunftet), da sie während der Brunft fast nicht äsen. Beides sind ältere Hirsche mit deutlichem Widerrist; der Feisthirsch wohl erst am Beginn des Reifealters um den 9. Kopf, der Brunfthirsch wahrscheinlich einige Jahre älter.

# Ansprechübungen

29

30

*Antworten zu den Ansprechübungen s. Seite 63*

31

32

33

34

35

36

37 38
39 40

41
43  42
44

## Antworten zu den Ansprechübungen

29  Sechser vom 2. Kopf, keine überragende, aber noch durchschnittliche Geweihbildung (kurze Mittelsprossen; doch recht starke Stangen mit »stumpfen« Enden). In schlechter körperlicher Verfassung (Wintersnot).

30  Junger Hirsch (5., vielleicht schon 6. Kopf) mit überragender Geweihbildung.

31  Feisthirsch, der Figur nach älterer Hirsch mit starkem Geweih. Sicher schon im Reifealter (über 10jährig).

32  Hirsch vom wahrscheinlich 4.–6. Kopf, erst Eissprossenzehner, sollte eigentlich schon Kronen zeigen.

33  Auch dieser Eissprossenzehner mit etwas stärkeren Stangen ist wahrscheinlich nicht älter als der vorige (Bild 32), doch wirkt er im Winterhaar massiger.

34  Mit dem 6./7. Kopf beginnt die Zeit lebhafter Aktivität in der Brunft. In solcher Imponierstellung aus voller Kraft röhrend, wirkt der Hirsch leicht älter und stärker, als er ist. Über 10jährig oder erst 8./9. Kopf – das ist hier die Frage!

35  Guter Hirsch mittleren Alters (um den 6./7. Kopf).

36  Jüngerer Hirsch, etwa 4./5. Kopf, mit dünnem und endenarmem Geweih, unterdurchschnittlich entwickelt.

37  2. Kopf, geringes Geweih ohne Augsprossen (eine seltene Fehlbildung). Jedenfalls ein »Abschußhirsch«!

38  Jüngerer Achter im Bast – 4./5. Kopf, gute Gabeln, sollte im nächsten Jahr Kronenhirsch werden.

39  Mittelalter Brunfthirsch, vermutlich 6.–8. Kopf, vielleicht etwas älter.

40  Junghirsch, Geweih mit dünnen und kurzen, spitzen Enden für den 3. Kopf noch ausreichend.

41  Noch nicht reifer Kronenhirsch, kaum älter als 8. Kopf, das Geweih könnte massiger sein.

42  Eine imponierende Erscheinung! Gerade frisch verfegt (helle Stangen, noch Bastfetzen über der Stirn), starkes Geweih, am Beginn der Reife, aber wahrscheinlich noch unter dem 10. Kopf.

43  Feisthirsch mit hohem, starkem Geweih, Masse schon mehr nach unten verlagert, starker Vorschlag (obwohl der Träger jetzt ohne Brunftmähne etwas schlank wirkt). Sicher dicht an der Grenze des Reifealters, wenn nicht älter (9.–11. Kopf).

44  Ebenfalls ein sehr starker Feisthirsch um den 10. Kopf oder darüber.

*Die Bildbeispiele können nur ungefähre Anhaltswerte geben. Die Entwicklung in den einzelnen Rotwildgebieten (und die dementsprechenden Bejagungsrichtlinien) sind zu unterschiedlich, als daß im Einzelfall klar über »schießen oder schonen« entschieden werden kann. Auch gibt die Momentaufnahme des Fotos viel weniger Aufschluß, als wenn wir den lebenden Hirsch in seiner Bewegung und seinem Verhalten beobachten.*

*Im Zweifel sollte man sich beim jungen Hirsch, vor allem beim 1.–3. Kopf, eher für das Schießen, mit zunehmendem Alter eher für das Schonen entscheiden.*

*Im Idealfall sollten wir die Junghirsche so stark »durchforstet« haben, daß die Überlebenden alle mit dem 5./6. Kopf den entscheidenden »Sprung« zur standörtlich bestmöglichen Geweihbildung machen und dann bis zur Altersreife in Ruhe gelassen werden können.*

*Maßgebend ist vor allem die Stärke (Masse) des Geweihs. Endenfreudigkeit kommt erst in zweiter Linie. In fast allen Rotwildgebieten hat man die Erfahrung gemacht, daß Hirsche um den 11.–13. Kopf noch erstaunlich an Masse »zulegen« können.*

# Damwild

Die Vorfahren des Damwildes waren durch die Eiszeiten auf das Mittelmeergebiet und Kleinasien zurückgedrängt worden. Von dort breitete sich das Damwild erst in geschichtlicher Zeit mit Hilfe des Menschen wieder über Mittel- und Westeuropa aus. Zunächst wurde es durch die Römer eingeführt (bei denen die dem Dianakult geweihten Hirsche in Tempelhainen gehalten wurden); seit dem Mittelalter wurde es als Park- und Gatterwild bei Landesherren und Großgrundbesitzern immer beliebter und gelangte nach und nach auch in die freie Wildbahn.

## Vorkommen, Lebensweise

Heute gibt es bei uns Damwild in zahlreichen, inselartig verstreuten Vorkommen in fast allen Bundesländern. Im Bundesgebiet werden jährlich etwa 11 000 Stück erlegt. Das stärkste und qualitativ beste Vorkommen haben wir in Schleswig-Holstein und in Niedersachsen. Europäische Nachbarländer mit bekannt guten Damwildbeständen sind Dänemark, England und vor allem Ungarn.

Damwild stellt wesentlich geringere Ansprüche an den Lebensraum als Rotwild; es paßt sich besser der von Menschen belebten Kulturlandschaft an und verursacht vergleichsweise geringere Wildschäden. Es eignet sich daher im Flach- und Hügelland überall dort als »Stellvertreter« des Rotwildes, wo diesem der Lebensraum zu eng und zu unruhig geworden ist. Damwild bevorzugt die aufgelockerte Wald-Feld-Landschaft. Für große geschlossene Waldgebiete, vor allem die Nadelwälder der höheren Mittelgebirge und der Alpen mit rauhem Klima, eignet es sich nicht.

Die häufige Gefangenhaltung in »Tiergärten«, Wildparken und Gatterrevieren hat dieser Wildart im Lauf der Jahrhunderte ihren Stempel aufgedrückt: Besonders die durch »Zuchtwahl« entstandenen Farbvariationen (weißes, schwarzes, porzellanfarbiges Damwild) zeigen, daß Damwild gewissermaßen schon den ersten Schritt zur Domestikation getan hat. Genügsam und anpassungsfähig, wird es bei Gatterhaltung schnell vertraut gegen Menschen. Die heute aufkommenden Bestrebungen, Damwild geradezu als Weidevieh landwirtschaftlich zu nutzen, führen diese Entwicklung folgerichtig weiter.

In freier Wildbahn ist Damwild jedoch ein durchaus »vollwertiges« Wild, das zwar mehr bei Tag aktiv und daher in der Regel leichter zu beobachten, infolge seiner großen Aufmerksamkeit aber kaum leichter zu bejagen ist als Rotwild.

Die normale Färbung ist im Sommer oberseits hell braunrot mit weißen Flecken, im Winter tief schwarzbraun.

1 *Alttier mit saugendem Kalb im Sommer. Auch das erwachsene Wild hat die helle Fleckenzeichnung (die beim Reh- und Rotwild nur als Jugendfleckung der Kitze und Kälber auftritt). Auffällig ist auch der lange Wedel mit seiner schwarz-weißen Kontrastzeichnung.*

2 *Der lange, »trockene« Kopf des Alttieres deutet auf höheres Alter.*

1

2

Damwild ist gut um ein Drittel schwächer als Rotwild. Sein Höchstalter um 18 Jahre und der Höhepunkt der Geweihentwicklung um das 10. Lebensjahr liegen einige Jahre niedriger als beim Rotwild. Sein Sozialverhalten im Jahresablauf entspricht weitgehend den Verhältnissen beim Rotwild.

Etwas unterschiedlich (als Faustregel: rund 4 Wochen später als beim Rotwild) sind die biologischen Daten: Die erwachsenen Hirsche (Schaufler) werfen im April/Mai ab und verfegen das neue Geweih im August/Anfang September. Die Brunft ist Ende Oktober, die Setzzeit im Juni/Juli. Zwillingsgeburten sind häufiger als beim Rotwild.

## Geweihentwicklung

Neben der Zeichnung der Decke ist das Geweih der Damhirsche der augenfälligste Unterschied gegenüber dem Rotwild. Die *Geweihentwicklung* beginnt ebenfalls erst zu Anfang des 2. Lebensjahres mit einfachen Spießen (1. Kopf). Das nächste Folgegeweih (2. Kopf) zeigt dann aber meist neben Aug- und Mittelsprosse bereits das obere Stangenende etwas abgeflacht und verbreitert. Nur bei schlechter Entwicklung ähnelt das Geweih einem geringen Rothirsch-Sechsergeweih, noch ohne Andeutung der späteren »Schaufeln«. Vom 4. Lebensjahr an (3. Kopf) nimmt die Ausbildung der *Schaufeln* ständig zu, bis wir im reifen Alter der typischen »Vollschaufler« vor uns haben.

Dieser Eigenart der Geweihbildung entsprechend, werden Damhirsche nicht, wie der Rothirsch, nach der Endenzahl ihres Geweihs angesprochen. An eigentlichen Enden gibt es nämlich nur die Aug- und die Mittelsprosse (Eissprossen sind ganz seltene Ausnahmen) sowie den »Dorn« oder »Sporn« hinten am unteren Schaufelende. Der hintere Rand der Schaufeln kann von wellenförmigen Ausbuchtungen über fingerförmige Enden bis zu tiefen Einkerbungen verschiedene Strukturen zeigen, doch werden diese »Enden« nicht gezählt. Wir sprechen den Damhirsch deshalb je nach Ausbildung seiner Schaufeln als »Löffler« (norddeutsch: »Knieper«) an (2.–3./4. Kopf), dann als »Halbschaufler« oder »angehenden Schaufler« und schließlich als »Vollschaufler« und »Hauptschaufler«.

Mit dem Lebensalter hat das – abgesehen vom Spießer und Löffler – nicht viel zu tun; denn so wie es junge und alte Rothirsche mit ganz verschieden vielen Enden gibt, kann auch der Damhirsch schon in früher Jugend »gute« Schaufeln entwickeln oder auch in höherem Alter noch geringe schmale oder »unharmonisch« gekerbte oder zerspaltene Schaufeln tragen.

**Junge Hirsche (Knieper, Löffler)**

3 *Spießer vom 1. Kopf mit normal entwickelten, etwa lauscherhohen Spießen (noch im Bast). Die Basis der Spieße ist meist deutlich verdickt (wie »aufgeblasen«) – nicht zu verwechseln mit Rosen, die auch beim Damhirsch erst beim ersten Folgegeweih (2. Kopf) gebildet werden.*

4 *Hirsch vom 2. Kopf, »Löffler« (im Bast): Aug- und Mittelsprossen, Stangenenden mit angedeuteter Verbreiterung. Gestalt zierlich, hochläufig, schlanker Hals mit schmalem Haupt.*

5 *Hirsch vom 3./4. Kopf, die Körperformen wirken schon »erwachsener«. Das Geweih zeigt ungenügende Schaufelbildung (»Schlitzschaufel«) – »Abschußhirsch«!*

6 *Auch ein noch jüngerer Hirsch um den 4. Kopf. Die Schaufeln sind von vorne schlecht anzusprechen.*

## Altersmerkmale

Allgemeine Altersmerkmale sind auch beim Damhirsch die von der jugendlich schlanken, hochläufigen Erscheinung allmählich zu größerer Massigkeit mit dickerem Träger und »Hängebauch« übergehenden Körperformen; die jugendlich »übermütigen« oder aber mehr »gesetzten« bis »behäbigen« Bewegungen; vor allem auch der Gesichtsausdruck, der bei den Schauflern – ganz wie beim Rothirsch – mit höherem Alter »bulliger«, »mürrischer« wird.

Die Hirsche leben – ähnlich wie die Rothirsche – zur Kolben- und Feistzeit gesellig in Rudeln, die meist nicht so scharf von den Kahlwildrudeln getrennt sind wie beim Rotwild. Alte, starke Schaufler halten sich oft zu zweit oder dritt abseits der größeren Rudel.

Brunftkämpfe kommen häufiger vor als beim Rotwild, weil sich bei großen Kahlwildrudeln meist mehrere starke Schaufler aufhalten und ihre »Brunftplätze« gegenseitig abgrenzen, auf denen sie ihre »Brunftkuhlen« ausschlagen. Obwohl in gut besetzten Revieren diese »Gemeinschaftsbrunft« sehr lebhaft verläuft, wirkt sie auf uns weniger eindrucksvoll als die Brunft des Rotwildes; denn der Brunftschrei des Damschauflers ist mehr ein eintöniges, schnarchendes Röcheln, das gar nicht an das gewaltige Röhren des Rothirsches erinnert.

Die Geweihentwicklung der Damhirsche verläuft recht regelmäßig, weil sie ja ausschließlich in der äsungsreichen Zeit schieben. Auch hier müssen die jüngsten Altersklassen besonders stark »durchforstet« werden.

Der Hirsch vom 1. Kopf soll etwa lauscherhohe Spieße tragen. (Ausnahmsweise können auch bereits am 1. Kopf Aug- und Mittelsprossen erscheinen.)

Der »Löffler« vom 2. Kopf soll bereits die deutliche Anlage zur Schaufelbildung erkennen lassen. Mit dem 3./4. Kopf wird erkennbar, ob der Hirsch eine gute Schaufelbildung verspricht, oder ob seine Schaufeln geschlitzt oder zerrissen (eingekerbt), nicht lang genug (rautenförmig) oder zu schmal sind. Wie die Endenzahl und »Kronenfreudigkeit« beim Rothirsch, haben diese nach menschlichen Schönheitsidealen aufgestellten Kriterien allerdings kaum eine biologische Bedeutung, wenn das Geweih nur entsprechend stark ist und nicht nennenswert vom artgemäßen »Bauplan« abweicht (wie z. B. fehlende Schaufelbildung). Jedenfalls soll auch beim Damhirsch die gesunde (in der Jugend bereits stark »ausgelichtete«) Mittelklasse weitgehend geschont werden.

Das *Gebiß* entspricht dem des Rotwildes, doch sind Grandeln seltene Ausnahmen. Der Zahnwechsel ist zu Beginn des 3. Lebensjahrs (28–30 Monate) beendet.

**Ältere Hirsche (Schaufler)**

*7 Mittelalter Schaufler im dunklen Winterhaar. Sehr gute Geweihbildung, doch vermutlich noch nicht alt genug (um den 6./7. Kopf?). Im Vergleich mit den nächsten Bildern noch nicht die massige Gestalt des wirklich alten Schauflers!*

*8 Obwohl der Damhirsch keine »Brunftmähne« trägt wie der Rothirsch, ist der dicke, »bullige« Hals (Träger) das Hauptmerkmal des alten Schauflers. Beachte auch das schwere, massige Haupt mit den kurzen und breiten Rosenstöcken!*

*9 Ein starker Schaufler zur Feistzeit: rund und feist mit massigem Träger, sicherlich um den 10. Kopf und damit »erntereif«. Das an sich starke Geweih hat »zerrissene« Schaufeln, die nicht dem Ideal unserer Richtlinien entsprechen. In spielerischem Geweihkontakt mit dem alten Schaufler ein Spießer vom 1. Kopf, ein Vertreter der schwarz behaarten Spielart. Der Vergleich zeigt besonders klar die typischen Altersmerkmale im Körperbau.*

7  8   9

# Gamswild

Gamswild gehört zu den *horntragenden* Wiederkäuern *(Boviden)* und unterscheidet sich dadurch wesentlich von den Geweihträgern *(Cerviden)*. Es gehört außerdem zu denjenigen Paarhufern, die sich an ein Leben im Hochgebirge, in steiler und zerklüfteter Felslandschaft angepaßt haben. In der zoologischen Systematik ist es mit den beiden anderen großen Gruppen felskletternder Paarhufer, den Wildschafen und den Wildziegen (Steinböcken), nicht näher verwandt; erst recht nicht mit den Antilopen. Die »Gemsenartigen« sind vielmehr eine eigenständige Gruppe, die in recht wenigen, eigenartigen Formen über die Hochgebirge der Welt verstreut ist: Neben unserem Gamswild gehören dazu die nordamerikanische Schneegemse (Mountain goat) sowie der Goral und der Serau aus dem Himalaya.

## Vorkommen, Lebensweise

Gamswild kommt bei uns ausschließlich in den Alpen sowie in anderen europäischen Hochgebirgen (Karpaten, Apenninen, Pyrenäen) vor. Im Hochschwarzwald und den Vogesen wurde es eingebürgert und hat sich dort zu lebenskräftigen Beständen von »Waldgams« entwickelt.

Der Lebensraum des Gamswildes ist – verglichen mit dem übrigen Schalenwild – noch am wenigsten durch den Menschen beeinflußt. In den oberen Lagen des Bergwaldes, in der Region der Waldgrenze, in den Latschenfeldern bis hinauf in die Matten- und Felsregion lebt das Gamswild zu allen Jahreszeiten noch gemäß seinem natürlichen Lebensrhythmus, angepaßt an die extremen klimatischen Bedingungen des Hochgebirges. So vermag es auch den harten Bergwinter ohne unsere Hilfe (Winterfütterung) zu überstehen und unterliegt noch weitgehend der natürlichen Auslese. Mit der Landeskultur des Menschen kommt es kaum in Konflikt (abgesehen von örtlich begrenzten Verbißschäden ausgesprochener »Waldgams«). Es leidet allerdings gebietsweise stark durch den zunehmenden Tourismus, besonders den Wintersport, der ihm oft die günstigsten Wintereinstände streitig macht.

In Bayern werden jährlich rund 2500, in Baden-Württemberg rund 300 Gams erlegt.

Gamswild lebt ausgesprochen gesellig: Geißen und Jungwild bilden das ganze Jahr über größere Rudel, die mittelalten Böcke stehen außerhalb der Brunft gern in kleineren Gruppen beisammen, die Altböcke meist allein, besonders im Sommer in heimlichen Feistzeiteinständen (»Laubböcke« – weil sie oft tiefer unten in Waldhängen stehen). Im Winter suchen die Gams entweder im Bergwald Zuflucht

1 *Starke Geiß mit Kitz im Herbst, ins Winterhaar verfärbt. Beim Kitz beginnt das Kruckenwachstum.*

2 *Ein »Scharl« Gams im Winter. Von links: Jahrling, Geiß, Kitz, Kitz, Geiß. Bei dem Jahrling ganz links ist der helle »Keulenfleck« deutlich zu erkennen. Kitze und Jahrlinge sind sehr schwer auf ihr Geschlecht anzusprechen. Am sichersten sind sie durch die Stellung beim Nässen zu unterscheiden: genau wie beim Rehwild gehen die Geißen dabei hinten etwas »in die Hocke«, die Böcke nässen gerade unter sich.*

1

2

71

oder sie überleben ganz droben an steilen Grashängen, wo der Schnee abrutscht und abgeweht wird (»Waldgams«-»Gratgams«, je nach Geländeform).
Das »ziegenartig« gelbbraune Sommerhaar mit schwarzem Aalstrich über dem Rücken wird im Herbst vom tiefdunklen, fast schwarzen, sehr langen und dichten Winterhaar abgelöst. Die längsten Haare auf dem Rücken, besonders über der Kruppe und am Widerrist, bilden den bekannten »*Gamsbart*«, den sich der Jäger als Trophäe zum Hutschmuck bindet.
Die *Brunft* ist von Mitte November bis Anfang Dezember – oft schon bei tiefem Schnee und strengem Frost. Die älteren Böcke suchen dann bei den Rudeln nach brunftigen Geißen und liefern sich gegenseitig heftige Hetzjagden, um Nebenbuhler abzuschlagen.
Die Geißen setzen – erstmals meist im 4. oder 5. Lebensjahr – im Mai/Juni, in der Regel nur ein Kitz, doch sind Zwillingskitze nicht allzu selten.

**Bezeichnung der Altersstufen**

| Lebensjahr | männlich | weiblich |
|---|---|---|
| 1. Lebensjahr: Kitz | Bockkitz | Geißkitz |
| 2. Lebensjahr: Jahrling | Jahrlingsbock (auch: Bockjahrling) | Jahrlingsgeiß (auch: Geißjahrling) |
| 3. Lebensjahr | 2jähriger Bock | 2jährige Geiß |
| 4. Lebensjahr | 3jähriger Bock | 3jährige Geiß |

Da Gamswild nur in den Alpen vorkommt, stammen die Ausdrücke der Jägersprache größtenteils aus dem Altbairischen. Nur im alemannischen Sprachraum (Allgäu, Schweiz) heißt es »Gemswild« und »Gemse«, sonst heißt es – ohne Unterschied des Geschlechtes – »*der Gams*«, in manchen Gegenden auch »*das Gams*«. »Bartbock« ist der (starke) Bock im Winter, wenn er in der Brunft die langen Barthaare imponierend sträubt, durch die der Wind weht (»wacheln« = wehen, daher der Ausdruck »Wachler« für den starken Gamsbart). Die führende Geiß heißt »*Kitzgeiß*«, die kitzlose ältere Geiß »*Geltgeiß*« – meist ohne Unterschied, ob sie nur vorübergehend ein Jahr nicht führt oder ob sie im sehr hohen Alter kein Kitz mehr setzt. Den Ausdruck »Schmalgeiß« gibt es beim Gamswild (entgegen manchen Literaturangaben) *nicht* – wir sprechen bei beiden Geschlechtern vom Jahrling. Geschrieben finden wir oft noch die altertümliche Schreibweise »Gais«. Sammelbegriff für die im Rudel (= Schar, Scharl) beisammenstehenden Geißen, Kitze, Jahrlinge, Zwei- und Dreijährigen ist »Scharwild«, mehr scherzhaft auch »Geraffel«.
Anatomisch geschlechtsreif werden Gams im 2. Lebensjahr, als Jahrling. Doch sind sie in diesem Alter noch nicht in ihrem Sozialverhalten voll ausgereift, so daß die Geißen

3 *Jahrling zu Beginn des 2. Lebensjahres, vom Winter- ins Sommerhaar verfärbend (Mai/Juni). »Kindlich neugieriger« Gesichtsausdruck.*

4 *Ältere, hochbeschlagene Geiß im Frühjahr. Der Haarwechsel deutet sich an, das locker sitzende Winterhaar wirkt struppig. Auch beim Gamswild verfärben die führenden Geißen in der Regel viel später als Kitze, Jahrlinge und noch nicht führende junge Geißen.*

5 *Voll ins Sommerhaar verfärbte Geiß im Hochsommer, mit starker, fast bockmäßig gehakelter Krucke.*

6 *Eine im Haarwechsel struppig wirkende, sicherlich recht alte Geiß: eckige Körperformen, dürrer Hals, Zügel unter und hinter den Lichtern grau zerfließend.*

meist erst in der folgenden Brunft im 3. oder gar erst im 4. Lebensjahr beschlagen werden. Auch die Böcke nehmen erst dann aktiv an der Brunft teil, wenn sie voll ausgereift sind – das ist kaum vor dem 4., oft erst im 5. Jahr. Vom 4./5. bis zum 10./12. Lebensjahr befinden sich Gams im besten Fortpflanzungsalter.
Böcke werden selten älter als 12–14 Jahre, weil sie nach der Brunft geschwächt in den Winter gehen. In harten Wintern gehen oft Böcke im besten Alter ein, die sich in der Brunft besonders verausgabt haben. Geißen erreichen öfter ein erheblich höheres Alter, um 18 Jahre und mehr, gerade wenn sie als echte »Geltgeißen« keine Kitze mehr setzen. (Sogar ihr Kruckenwachstum kann dann im hohen Alter wieder zunehmen.)

## Kruckenwachstum und Altersmerkmale

Das Wachstum der *Krucke* beginnt bei beiden Geschlechtern schon beim Kitz: es erscheinen die ersten kleinen Hornspitzen. In den folgenden Jahren bilden sich um den knöchernen Stirnzapfen weitere Hornschichten, die sich dem bestehenden »Schlauch« von unten her angliedern, so daß die Hornschläuche ständig höher werden. Die jährlichen Zuwachszonen sind in »Jahresringen« voneinander abgesetzt. Wir brauchen also an der Krucke zu zählen, um das Alter praktisch aufs Jahr genau festzustellen. Man muß nur wissen, *was* zu zählen ist – und aufpassen, daß man nicht die wellenförmigen »Schmuckwülste« für Jahresringe hält! Da die Vorderseite der Schläuche oft abgewetzt oder – vor allem bei den Böcken – mit »Pech« (Baumharz) verklebt ist, zählt man am sichersten auf der Rückseite.
Nach den kleinen Hornspitzen der Kitze (die später die »Hakel« an der Krucke werden) folgt im 2., 3. und 4. Lebensjahr das Hauptwachstum der Krucke. Der Zuwachs im 5. Jahr ist schon deutlich schmäler. Jetzt ist der Gams auch körperlich und in seinem Verhalten voll ausgereift. Die Schläuche »schließen sich«, das heißt, das Horn legt sich unten eng an den knöchernen Stirnzapfen an. In den folgenden Jahren gibt es nur noch ganz schmalen Zuwachs – die sogenannten »Millimeterringe« an der Basis der Schläuche.
Wie hoch die Krucke wird, entscheidet sich also in den ersten 5 Lebensjahren. Weil aber der jährliche Zuwachs ganz verschieden groß sein kann – abhängig von der Ernährung und körperlichen Verfassung –, können gleich alte Gams sowohl hohe als niedrige Krucken tragen. Die Kruckenhöhe hilft uns also nicht viel beim Ansprechen lebender Gams. Sogar die *Geschlechter* sind nach der *Kruckenform* oft nicht leicht zu unterscheiden. Von der typischen, stark »gehakelten« Bockkrucke und der dünneren, flach gehakelten Geißkrucke gibt es viele Ausnahmen (»bockkruckige« Geißen bzw. »geißkruckige« Böcke).

7 *Mittelalter Brunftbock in voller Lebenskraft. Starke, gut gehakelte Krucke. Zügel noch scharf von der hellen Wange und Kehle abgesetzt. Pinsel deutlich zu erkennen.*

8 *Ebenfalls ein erst mittelalter, vielleicht 6–8jähriger Bock in brunftiger Erregung: Barthaare gesträubt, Äser zum Blädern (meckernder Brunftlaut) geöffnet.*

9 *Zwei Rivalen wollen einander imponieren: sie umkreisen sich mit hoch gesträubten Barthaaren. Der Unterlegene (vermutlich der schwächere Bock links) zieht sich entweder freiwillig zurück oder wird vom Stärkeren verjagt (gesprengt). Unter gleichstarken Rivalen kann es auch zum Kampf mit den Krucken kommen.*

10 *Ein vermutlich sehr alter Bock, dessen Zügel auf ganzer Länge grau verwaschen erscheinen. Die Krucke ist sehr stark. Doch ist weder die Höhe noch die Stärke (Dicke) der Schläuche ein Altersmerkmal, da beide in den ersten 5 Lebensjahren festgelegt werden.*

Aufschluß gibt am besten das längere Beobachten eines Gamsrudels, der Vergleich der einzelnen Stücke nach Gestalt und Verhalten.

Im Winterhaar zeigen die Böcke vom 3. Lebensjahr an einen deutlichen *Pinsel,* der bei den alten Böcken am längsten ist. Der *Bart* ist kein brauchbares Altersmerkmal. In der Regel haben mittelalte Böcke die besten (längsten und dichtesten) Barthaare. Auch Standort und Klima beeinflussen den Haarwuchs: »Waldgams« in tieferen Lagen haben geringere Bärte als Böcke im Hochgebirge.

Der schwarze »*Zügel*« (Gesichtsmaske) an den Seiten des Kopfes ist in der Jugend scharf abgesetzt und verschwimmt mit höherem Alter in Grautönen mit der hellen Zeichnung der Wangen.

Geißen, Kitze und jüngere, noch nicht brunftaktive Böcke zeigen meist einen gelblichen *Keulenfleck,* der den älteren Böcken fehlt. Brunftaktive Böcke haben auch einen deutlich dickeren Hals und einen durch die dickere Wangen- und Kehlpartie wuchtiger wirkenden Kopf.

Die scharfe »Durchforstung« der jüngsten Altersklassen wird oft hauptsächlich durch den harten Bergwinter besorgt. Wenn unter günstigen Bedingungen trotzdem viel Jungwild heranwächst, kann aber ein entsprechender »Hegeabschuß« unter den Kitzen und Jahrlingen notwendig sein. Ausschlaggebend ist dabei die körperliche Verfassung: die jeweils schwächsten Stücke gehören bevorzugt erlegt. Wo in übersetzten Beständen ein ausgesprochener »Reduktionsabschuß« nötig ist (z. B. als Vorbeugung gegen die Gamsräude), muß auch in die zwei- und dreijährigen Gams eingegriffen werden. Ansonsten sollten Gams vom 3. Lebensjahr an bis zum Reifealter möglichst geschont werden.

Ausgesprochen kranke und kümmernde Stücke (die natürlich in allen Altersklassen zu erlegen sind) treten beim Gamswild selten auf, weil die harten Bergwinter alles Schwache ausmerzen. Im reifen Alter »geerntet« können Böcke dann um das 10. Lebensjahr werden, Geißen eher noch später (12–14jährig), wenn sie nur noch schwache oder gar keine Kitze mehr setzen. Greisenhaft überalterte Gams sind selten, weil sie bald dem Winter zum Opfer fallen, meist lange bevor die völlige Abnutzung des Gebisses den natürlichen Alterstod herbeiführen würde.

Das *Gebiß* entspricht (wie bei allen Wiederkäuern) dem der *Cerviden* mit der Zahnformel $\frac{0\ 0\ 3\ 3}{4\ 0\ 3\ 3}$. Grandeln treten bei den Hornträgern *(Boviden)* nie auf. Der *Zahnwechsel* ist beim Gams mit 40–48 Monaten beendet, also erst gegen Ende des 4. Lebensjahres. Für die Altersschätzung am erlegten Stück spielt das Gebiß aber keine Rolle, weil ja bei beiden Geschlechtern die Zuwachszonen an der Krucke viel bessere Auskunft geben.

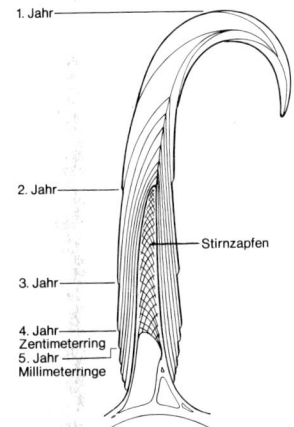

*Längsschnitt durch einen Hornschlauch der Gamskrucke mit den jährlichen Zuwachszonen.*
*Aus Krebs,*
*»Vor und nach der Jägerprüfung«*

# Muffelwild

Das Muffelwild oder *Mufflon* ist das einzige *Wildschaf* Europas. Es hat nach den Eiszeiten nur in kleinen isolierten Vorkommen auf den heutigen Mittelmeerinseln Sardinien und Korsika überlebt. Von dort wurde es in neuerer Zeit durch den Menschen über fast ganz Europa verbreitet. Im Laufe seiner erst knapp 100jährigen Einbürgerungsgeschichte wurde Muffelwild immer wieder sowohl mit verschiedenen anderen Wildschafen wie auch mit Hausschafrassen vermischt, so daß »reinblütiges« Muffelwild heute selten geworden ist.
Das europäische Mufflon ist das *kleinste* Wildschaf der Welt, kaum stärker als Rehwild. Die ihm nah verwandten Unterarten in den Felsengebirgen Nordamerikas (Dickhornschaf) und Asiens (Argali) erreichen dagegen die Stärke von Rothirschen.

## Vorkommen, Lebensweise

Unser Muffelwild ist kein Bewohner der kahlen Hochgebirge, sondern felsiger Mittelgebirgswälder. Das Wachstum seiner Schalen ist dem trockenen, harten Untergrund angepaßt. Auf weichem Boden, wo die Schalen zu wenig abgenutzt werden, kommt es zum »schnabelschuhartigen« *Auswachsen* der Schalen und krankhaften Infektionen (»Moderhinke«), wie wir sie auch von Hausschafen kennen, die zu wenig Bewegung haben.
Muffelwild lebt ausgesprochen *gesellig* in Rudeln, die erwachsenen Widder in kleineren Trupps. Sie sind vorwiegend bei Tag aktiv, wegen ihrer großen Aufmerksamkeit und Sinnesschärfe (sie äugen auch besonders gut) sowie wegen ihrer unsteten, weiträumigen Lebensweise schwierig zu bejagen.
Die Zeichnung des Muffelwildes wirkt lebhaft und bunt: Die im Sommer rotbraune, im Winter dunkelbraune Grundfärbung der Decke steht in Kontrast zur hellen Unterseite und den hell gestiefelten Läufen, dazu kommt der große helle Spiegel und bei den Widdern meist noch der helle *Sattelfleck* (auch *Schneefleck* oder *Schabracke* genannt) am Rücken.
Die *Brunft* ist im Oktober/November. Die Schafe *setzen* bereits im April/Mai meist ein, manchmal auch zwei Lämmer.

**Bezeichnung der Altersstufen**

| Lebensjahr | männlich | weiblich |
|---|---|---|
| 1. Lebensjahr: Lamm | Widderlamm | Schaflamm |
| 2. Lebensjahr | 1jähriger Widder, Jährling | Schmalschaf |
| 3. Lebensjahr | 2jähriger Widder | 2jähriges Schaf |
| 4. Lebensjahr | 3jähriger Widder | 3jähriges Schaf |

Geschlechtsreif sind Widder und Schafe im 2. Lebensjahr; manchmal werden auch schon Schaflämmer fruchtbar beschlagen. Wie bei allen Wildschafen, spielt auch bei unserem Muffelwild der ranghöchste Widder die entscheidende Rolle in der Brunft, an der die mittelalten Widder noch kaum aktiv teilnehmen. Gleichstarke Rivalen liefern sich erbitterte Rangordnungskämpfe durch kräftige Rammstöße mit den stark bewehrten Köpfen.

## Die Widderschnecken

Die mächtigen Stirnwaffen der Widder, die kreisförmig gewundenen *Schnecken,* sind bei diesem Wild auch das äußerliche Abzeichen der Rangordnung. Die Schafe dagegen tragen entweder überhaupt keine Hörner oder nur kurze »*Stümpfe*«, die es nur ganz selten bis zur Andeutung einer schneckenartigen Krümmung bringen.

Ähnlich wie beim Gamswild, erfolgt auch bei den Muffelwiddern das Hauptwachstum der Schnecken in den ersten 5–6 Lebensjahren, beginnend mit den ersten Hornspitzen beim Widderlamm (das sich dadurch bereits deutlich vom Schaflamm unterscheidet).

Bei gutem Schneckenwachstum zeigt der »angehende Widder« schon im 5./6. Lebensjahr die Schnecken mehr als zum Halbkreis gekrümmt. Vom 6. Jahr an geht der jährliche Zuwachs stark zurück und macht nur noch 1–3 cm aus. So kann sich die Schnecke bis zum 10./12. Jahr, von der Seite gesehen, fast bis zur Kreisform schließen. Ganz selten kommt es sogar zu spiralförmigen doppelten Windungen, doch dürften solche untypischen Erscheinungen auf frühere Einkreuzungen von Hausschafen (z. B. Zackelschaf oder Heidschnucke) zurückzuführen sein.

Da auch beim Muffelwidder die Stärke der Schnecke in den ersten Lebensjahren entschieden wird, gibt es natürlich ältere Widder, die es nur zum Halb- oder Dreiviertelkreis bringen, genau wie es alte Gamsböcke mit recht niedrigen Krucken gibt. Die Schneckenwindung – vor allem im Bereich zwischen »Halbkreis« und »Kreis« – ist also für sich allein kein zuverlässiges Altersmerkmal. Hier muß uns wieder der Vergleich des Körperbaus und des Verhaltens helfen, um nicht einen gut entwickelten, aber mit 5–7 Jahren noch unreifen Widder vorzeitig zu erlegen. »Erntereif« ist der starke Widder mit 8–12 Jahren.

1 *Altschaf mit zwei Lämmern im Sommer. Die »knochige« Gestalt des Schafes, der »trockene« Kopf mit unscharfer, grau verschwommener Gesichtszeichnung deuten auf höheres Alter.*

2 *Junger, etwa 3jähriger Widder, hinter ihm ein Schmalschaf. Der helle »Sattelfleck« ist nach Form und Größe auch ein Merkmal zum Wiedererkennen einzelner Widder.*

Am erlegten Widder finden wir an den Schnecken, ähnlich wie an den Gamskrucken, deutliche »*Jahresringe*« als Grenzen der jährlichen Zuwachszonen der Hornsubstanz. Es ist darauf zu achten, diese echten Grenzlinien von den vielen kräftigen »*Schmuckwülsten*« zu unterscheiden, die der ganzen Oberfläche der Schnecke eine wellenförmige Struktur geben.

Eine Besonderheit beim Muffelwild sind die sogenannten »*Einwachser*« unter den Widdern: Normalerweise krümmen sich die Schnecken beiderseits des Halses nach vorne und außen. Es kommt aber auch vor, daß sich die Schneckenspitzen in einem »falschen« Krümmungswinkel nach innen gegen den Hals richten, allmählich an der Halsdecke scheuern, schließlich die Decke dicht berühren und förmlich in den Hals »einwachsen«. Schon im Anfangsstadium dieses Einwachsens werden die Bewegungen und das Äsen behindert, und im schlimmsten Fall kommt es zu schmerzhaften Verletzungen der Decke, zu Entzündungen und Blutvergiftung, die zusammen mit der erschwerten Äsungsaufnahme zum Tod eines solchen Widders führen. – Widder, die erkennbar zum »Einwachsen« neigen, sollen daher rechtzeitig erlegt werden.

Die Merkmale sehr hohen Alters, die etwa um das 14./15. Lebensjahr deutlich auftreten, entsprechen denen der anderen Schalenwildarten: der Rückgang an Lebenskraft und Körpersubstanz äußert sich in dürren, »eckigen« Formen, die in der Jugend scharf abgesetzte Gesichtszeichnung verschwimmt in immer mehr Grautönen.

3 *Mittelalter Widder, etwa 4–5jährig. Die Schneckenspitzen stehen nahe am Hals und zeigen Neigung zum »Einwachsen«.*

4 *Ein Trupp starker, reifer Widder, wie sie außerhalb der Brunft gern beisammen stehen. Die beiden Widder links und rechts zeigen kapitale Schnecken. Ihre Gesichter sind wesentlich mehr »grau« als beim jüngeren Widder von Bild 3. – Der Widder im Hintergrund ist jünger, mit seiner schon recht wuchtigen Gestalt aber wohl doch älter, als er nach seiner Schneckenbildung erscheint. Nach geringem Zuwachs in den ersten 5 Jahren gibt es auch über 6jährige Widder, die kaum über den »Halbkreis« hinauskommen.*

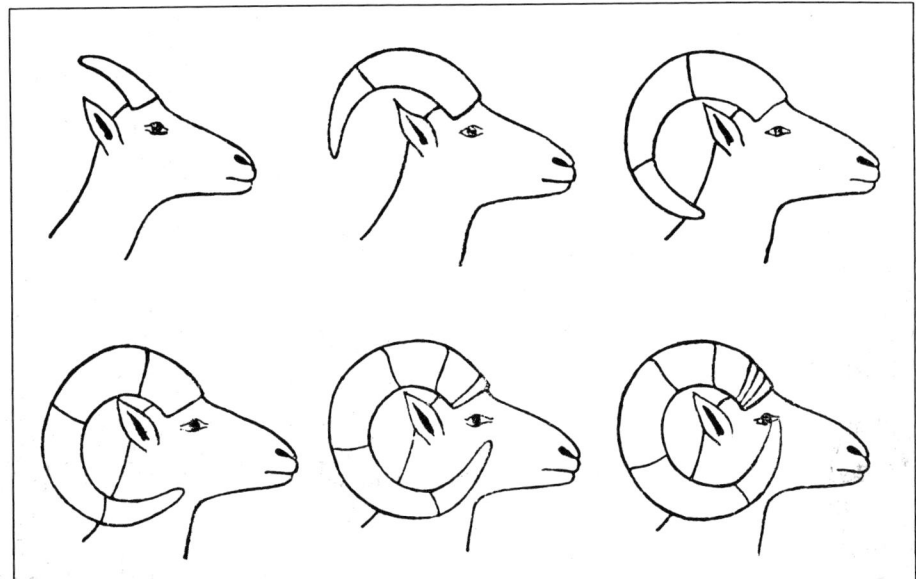

*Schematische Darstellung des Schneckenwachstums im Leben eines Muffelwidders. Nach dem Muffelwildalter – Merkblatt des DJV*

3

4

81

# Schwarzwild

Das Schwarzwild – unser europäisches *Wildschwein* – unterscheidet sich grundlegend von allen übrigen Schalenwildarten: Sowohl die Geweihträger *(Cerviden)* wie die Hornträger *(Boviden)* sind *Wiederkäuer*. Die Schweine dagegen sind die einzigen *Nicht-Wiederkäuer* unter den Paarhufern. So führt unser Schwarzwild als *Allesfresser* eine ganz andere Lebensweise als die höher spezialisierten Hirsche, Gemsen, Schafe oder Steinböcke.

Das kommt auch in der völlig anderen *Körpergestalt* zum Ausdruck: auf kräftigen Läufen steht der gedrungene Körper verhältnismäßig niedrig; der kräftige, keilförmige Schädel geht mit einem kurzen, starken Hals fast unmittelbar in den Leib über – geschaffen zum kraftvollen Durchbrechen von dichtem Unterholz in den Wäldern. Die dickledrige *Schwarte* mit grobem Borstenkleid vervollständigt diesen robusten Eindruck.

## Schwarzwild ist anders

Die *Ernährung* ist vielseitig; sie reicht von Gras (das die Sauen besonders im Frühjahr regelrecht »abäsen«) über Wurzeln (z. B. vom Adlerfarn, wonach sie im Winter tief brechen) und Feldfrüchte (Kartoffeln, Rüben, Mais, Getreide) bis zu allen Arten von Würmern, Weichtieren und Insekten im Boden, Mäusen, Jungwild und Fallwild.

Wenige Tage alte, sich drückende Rehkitze oder auch Rotwildkälber werden von Sauen ohne weiteres gerissen. Von einem Stück Wild, das der Jäger am Abend angeschossen hat und in der Abenddämmerung nicht mehr nachsuchen konnte, läßt eine Rotte Sauen bei Nacht meist nicht mehr viel übrig. Auch »Kannibalismus« kommt unter solchen Umständen vor. Darin zeigen Wildschweine gewisse Anklänge an Raubtierverhalten – auch ihre bekannte *Wehrhaftigkeit* in der Verteidigung gegen Angreifer gehört dazu. Tatsächlich stehen eben die Wildschweine den gemeinsamen Ursprüngen der Paarhufer mit den Raubtieren noch näher.

Ein ursprüngliches Merkmal ist auch, daß die Bache stets mehrere (3–6, ausnahmsweise bis zu 10) *Frischlinge* zur Welt bringt und für sie ein richtiges »Nest« baut, indem sie dürres Gras, Laub und Reisig zu einem Haufen zusammenträgt. In diesem »*Frischkessel*« bleiben die Frischlinge in den ersten Lebenstagen, obwohl sie als »Laufjunge« mit voll entwickelten Sinnesorganen geboren werden.

Am augenfälligsten spiegeln sich die abweichenden Lebensverhältnisse des Schwarzwildes in seinem *Gebiß* wider. Dieses weist mit der Zahnformel $\frac{3\ 1\ 4\ 3}{3\ 1\ 4\ 3}$ das *vollständige* Säugetier-Gebiß auf, das heißt, es ist im Verlauf der Art-

1 *Starker Keiler im Herbst, schon in der Winterschwarte. Massige Gestalt mit stumpf keilförmigem Kopf. Die Waffen sind hier – aus der Nähe und bei gutem Licht – deutlich zu sehen. – Die Körperstärke kann beim Schwarzwild stark variieren – je nach Verlauf der Jugendentwicklung und nach der jährlich wechselnden Ernährungslage (Mastjahre). Körperlich starke Sauen werden leicht für älter gehalten als sie sind. Doch ist dieser Keiler sicherlich 5–6jährig oder älter.*
*Grobe Keiler (meist schon vom 3., spätestens 4. Lebensjahr an) sind immer »Einzelgänger«. Nur zur Rauschzeit ziehen sie mit der Rotte bzw. mit einer einzelnen rauschigen Bache. Dann kommt es auch zu Rivalenkämpfen unter den Keilern.*

2 *Starke Bache im Frühsommer. An den Tellern, am Kamm und an den Flanken noch reichlich lange schwarze Winterborsten. Im Vergleich zum Keiler langer, mehr spitz keilförmiger Kopf. Die Waffen (»Haken«) sind bei der Bache bei geschlossenem Gebrech nie zu sehen, auch kein auffälliger Wulst an den Lefzen.*
*Die alten, erfahrenen Mutterbachen sind die Grundlage eines gesunden Bestandes – vergleichbar mit den erfahrenen Leittieren beim Rotwild! Sie sind unbedingt zu schonen!*

1

2

entwicklung noch kein einziger Zahn infolge höherer Spezialisierung verlorengegangen! Auffällig sind die mächtigen *Eckzähne* – die »Waffen« der Keiler und »Haken« der Bache –, die als Waffe und Werkzeug dienen.

## Sie lassen sich nicht unterkriegen

Das in seiner Ursprünglichkeit so vielseitig anpassungsfähige Schwarzwild war einst in den Wäldern ganz Europas allgemein verbreitet, ausgenommen die Nadelwälder der höheren Berglagen. Hauptgrundlage seiner Ernährung sind *Eicheln* und *Bucheckern*. Ohne diese »*Mast*« des Laubwaldes kann es strenge Winder nicht überleben.

Die Landeskultur hat viele Laubwälder durch Nadelwälder ersetzt und außerdem in der Feldflur Verhältnisse geschaffen, unter denen das Schwarzwild der Landwirtschaft schwere Schäden zufügt. Deshalb ist Schwarzwild heute vorwiegend auf die Mittelgebirge mit größeren Laub- und Mischwäldern zurückgedrängt, in der Norddeutschen Tiefebene auf die weiten Waldgebiete der Lüneburger Heide.

Die *Wildschäden* in der Landwirtschaft haben dem Schwarzwild durch die Jahrhunderte erbitterte Verfolgung eingebracht. Bis heute ist es die einzige Schalenwildart, die keiner Bejagungsplanung unterliegt, also ohne Einschränkung erlegt werden darf. Gesetzliche Schonzeiten für Schwarzwild gibt es erst seit wenigen Jahren – und sie sind noch immer unzulänglich. Daß dieses Wild trotzdem überlebt hat und heute bei uns sogar wieder zahlreicher vorkommt als in der Zeit vor dem 2. Weltkrieg, ist seiner starken *Vermehrungskraft* zu verdanken.

Nach milden Wintern mit reicher »Mast« an Eicheln und Bucheckern, und wenn Mangel an Schnee die Jagd schwierig macht, können sich Schwarzwildbestände geradezu »explosionsartig« vermehren: Jede Bache bringt dann eine Höchstzahl von Frischlingen, Überläuferbachen können bereits frischen sowie manche starken Bachen ausnahmsweise sogar einen 2. Wurf im Frühherbst bringen. Nach strengen, nahrungsarmen Wintern dagegen kann die Vermehrung gleich Null sein, wozu oft noch viele der vorjährigen Frischlinge verhungern. So ist die Vermehrung mit starken Schwankungen von der wechselnden Ernährungslage abhängig.

In der Bundesrepublik werden jährlich 30 000–50 000 Stück Schwarzwild erlegt.

## Waidgerechtigkeit für Verfemte

Wenn sich das Schwarzwild bei uns auch zahlenmäßig gut behauptet hat, so ist doch in den meisten Gebieten die *Gliederung* seiner Bestände nicht in Ordnung, als Folge der ungeregelten, vielfach geradezu als »Vernichtungsfeldzug« betriebenen Jagd. Es ist daher dringend nötig, die Grund-

3 *Oft schließen sich zwei oder drei – vor allem jüngere – Bachen mit ihren Frischlingen zusammen. Hier sind die Bachen noch voll in der Winterschwarte, die Frischlinge erst wenige Tage alt. (Vorfrühling: Februar/März/April.)*

4 *Bache mit etwa 4–6 Wochen alten Frischlingen im Mai/Juni. Die Bache trägt schon die glatte Sommerschwarte. Jetzt ist das Gesäuge sichtbar: Es sitzt* nicht *(wie bei den Wiederkäuern) hinten zwischen den Keulen, sondern besteht aus zwei Reihen von Zitzen am Bauch (genau wie beim Hausschwein).*

5 *Die Frischlinge vom Vorjahr, die jetzt (am 1. April) zu Überläufern geworden sind, halten in eigenen Rotten zusammen. Im Sommer schließen sie sich oft wieder den führenden Bachen an und bilden so die »gemischten Rotten«.*
*Bei den Überläufern werden die Entwicklungsunterschiede besonders deutlich. Immer die schwächsten – möglichst weiblichen – Stücke aus der Rotte schießen! Starke weibliche Frischlinge können bereits im Winter des 1. Lebensjahres beschlagen werden und dann zu Beginn des 2. Lebensjahres – als Überläuferbache – frischen!*

3

4 5

sätze zu beherzigen, die uns beim übrigen Schalenwild längst selbstverständlich geworden sind. Gerade seine starke Vermehrung verlangt, ganz besonders stark in die *Jugendklasse* der Frischlinge und Überläufer einzugreifen, um Übervermehrung zu verhindern und Feld-Wildschäden zu verhüten.

Das *Ansprechen* des einzelnen Stückes ist oft schwierig: Der gedrungene Körperbau bietet wenig Unterscheidungsmerkmale, die Geschlechter ähneln einander sehr, und die Körperstärke kann bei gleichalten Stücken recht verschieden sein. Dazu kommt die meist sehr heimliche Lebensweise, so daß Sauen entweder beim Ansitz vorwiegend bei schlechtem Licht, meist sogar bei Nacht, oder aber auf Drück- und Treibjagden bejagt werden müssen. Zugute kommt uns jedoch die sehr *gesellige* Lebensweise, die uns Vergleiche innerhalb einer Rotte ermöglicht. Schießen wir dann grundsätzlich immer *das schwächste Stück aus der Rotte*, so können wir eigentlich keinen Fehler machen.

### Bezeichnung der Altersstufen

| Lebensjahr | männlich | weiblich |
|---|---|---|
| 1. Lebensjahr: Frischling | Frischlingskeiler | Frischlingsbache |
| 2. Lebensjahr: Überläufer | Überläuferkeiler | Überläuferbache |
| 3. Lebensjahr | 2jähriger Keiler | 2jährige Bache |
| 4. Lebensjahr | 3jähriger Keiler | 3jährige Bache |

Geschlechtsreif werden Sauen im 2. Lebensjahr, als Überläufer; bei guter Ernährung (Mastjahre) können sogar Frischlingsbachen schon fruchtbar beschlagen werden, die dann als Überläufer bereits führen. Vom 4. Lebensjahr an gibt es den Sammelbegriff »grobe Sau« (grober Keiler, grobe Bache). Für Keiler gibt es weiter die überlieferten Bezeichnungen »angehender Keiler« (3–4jährig), »hauendes Schwein« (5–6jährig), »Hauptschwein« (über 6–7jährig), in Norddeutschland auch »Basse«.

Die *Rauschzeit* ist normal im November/Dezember; die Bachen *frischen* dann nach viereinhalb Monaten im März/April. Doch diese Daten können je nach ernährungsbedingter körperlicher Verfassung schwanken. Besonders schwache (durch Abschuß der führenden Bache früh verwaiste!) Stücke bleiben in der Entwicklung zurück, rauschen und frischen unregelmäßig. So gibt es oft kleine Frischlinge vom Februar bis in den Spätherbst.

Deshalb ist es wichtig, *keine führende Bache zu schießen,* dafür unter den Frischlingen und Überläufern möglichst alle schwachen, zurückgebliebenen Stücke auszumerzen – nur so können wir in unseren, durch jagdliche Mißhandlung desorganisierten Schwarzwildbeständen wieder normale Verhältnisse schaffen – und dann als Lohn auch wieder wirkliche »Hauptschweine« erlegen.

Sobald die Frischlinge die Mutterbache begleiten, gesellen sich meist auch die Überläufer (also die Frischlinge vom

6 *Kein Überläufer, sondern ein starker* Frischling *im Herbst. Als Reste der kontrastreichen gelbbraunen Streifenzeichnung des »Jugendkleides« bleiben den Frischlingen auch in der Winterschwarte bräunlich getönte Längsstreifen.*

7 *Im Winter ist es oft nicht einfach, starke Frischlinge (die allerdings noch von der Bache geführt werden) von geringen Überläufern zu unterscheiden. Überläufer tragen stets die schwarzgrauen Winterborsten* ohne *Andeutung der bräunlichen Frischlingsstreifen – was aber nur aus der Nähe und bei gutem Licht, bzw. am erlegten Stück zu erkennen ist. – Hier handelt es sich um 3 geringe Überläufer. Beim Stück rechts hinten ist der Pinsel zu erkennen.*

8 *Diese Sau, im Vorfrühling noch voll in der Winterschwarte, ist vermutlich kein Überläufer mehr, sondern steht schon am Ende des 3. Lebensjahres (2jährige Sau). Der Pinsel ist nicht zu erkennen, doch deutet der Wulst an den Lefzen darauf hin, daß darunter* Keilerwaffen *heranwachsen.*

*Leider werden noch viel zu viele Keiler als 2–3jährige erlegt. Nach den nötigen sehr starken Eingriffen in die Frischlinge und Überläufer (wobei es schwer möglich ist, auf das Geschlecht Rücksicht zu nehmen) ist es wichtig, vom 3. Lebensjahr an Keiler möglichst zu schonen: jetzt sind es* »Zukunftskeiler«!

Vorjahr) wieder zur Familie. Wenn zwei oder drei Bachen mit ihren Frischlingen und Überläufern zusammenhalten, kann man in so einer »*gemischten Rotte*« vom Frühsommer bis in den Winter gute Vergleiche anstellen.
Starke Frischlinge sind im September/Oktober schon grobborstig ins dunkle Winterhaar verfärbt, heben sich aber *bräunlich* mit stets noch angedeuteten *helleren Frischlingsstreifen* von den grauschwarzen Überläufern ab. Die führenden Bachen tragen oft bis in den Juli hinein reichlich Winterborsten, besonders die langen schwarzen »Federn« am Kamm, und unterscheiden sich so von den Überläufern und Keilern im kurzen, grauen Sommer-Borstenkleid.
Schießen wir aus der Rotte das schwächste – oder eines der schwächeren – Stücke, so kann das nur ein Frischling oder Überläufer sein. Damit ist auch der Zweck der *Wildschadensverhütung* erreicht, denn die Bache wird ihre Rotte eine Zeit lang aus der »gefährlichen« Gegend wegführen. Bei der sehr weiträumigen Lebensweise des Schwarzwildes werden so die Schäden auf weite Gebiete verteilt. Schießen wir dagegen die führende Bache (den »dicksten Brocken« aus der Rotte), dann bleiben die wenig erfahrenen Frischlinge und Überläufer meist im Revier und verursachen konzentrierten Schaden.
*Nicht wenige starke, sondern die Vielzahl der schwachen Sauen richten die schwersten Schäden an!*
Vorsicht bei einzeln ziehenden Sauen! Es ist meist *nicht* der erhoffte starke Keiler, sondern entweder eine hochbeschlagene Bache, die sich kurz vor dem Frischen abgesondert hat (oft schon im Januar/Februar!) – oder eine schon führende Bache, deren Frischlinge noch im Frischkessel abgelegt sind oder die wir im hohen Gras oder Kartoffelkraut nicht sehen können!
Haben wir eine Rotte *Überläufer* bei gutem Licht vor uns, zeigt uns der *Pinsel* den Keiler. Da wir ja die Vermehrung einschränken und dafür alte Keiler ernten wollen, werden wir einen geringen weiblichen Überläufer auswählen. Auch bei einzelnen groben Sauen ist der *Pinsel* das sicherste Geschlechtsmerkmal. (Die *Waffen* stehen dem lebenden Keiler nie so weit aus dem Gebrech, wie das fantasiereiche Präparatoren gern zeigen!)
Keiler vom 3. bis 6./7. Lebensjahr sind sozusagen die »*Zukunftshirsche im Borstenkleid*« und sollten möglichst auch dann geschont werden, wenn wir sie während der gesetzlichen Jagdzeit einwandfrei als Keiler ansprechen können, die einzeln ziehen oder in der Rauschzeit bei einer Rotte stehen. Ein Keiler wird mit 6–7 Jahren viel schneller »reif« als ein starker Rothirsch – wenn wir ihn so lange leben lassen. Die guten Erfolge einiger bestehender Schwarzwild-Hegeringe (z. B. in der Lüneburger Heide) zeigen vorbildlich, was sich bei vernünftiger Behandlung dieses vielfach verfemten Wildes erreichen läßt.
Gerade weil Sauen keine »Hörner« auf dem Kopf tragen, fällt es viel leichter, sie nach einfachen Altersklassen zu bejagen und dabei Jagdfreude, Wildpretertrag, Wildscha-

9 *Mittelalter Keiler (etwa 3–4jährig) in der glatten, schiefergrauen Sommerschwarte. Er wirkt jetzt viel hochläufiger als im Winter. Der Pinsel ist zu erkennen, am Gebrech wölben sich die Lefzen über den Haderern. – Auch an einem solchen Keiler ist es noch schade (wie um einen starken Rothirsch vom 8. oder 9. Kopf!). In 2, 3 Jahren könnte er als »Hauptschwein« ein wirklicher »Erntekeiler« werden!*

10 *In der schwarzzottigen Winterschwarte wirkt jeder Keiler viel »uriger« als im Sommer. Selten sieht man bei geschlossenem Gebrech die Waffen so »blitzen« wie hier. Sicherlich ein »Hauptschwein« um das 8. Lebensjahr. So sollten vollreife Keiler aussehen!*

11 *Ebenfalls ein körperlich sehr starker Keiler, wenn auch vermutlich noch nicht so alt wie der vorige. Die Waffen sind völlig unter den breit aufgewölbten Lefzen verborgen – das ist aber kein verläßliches Altersmerkmal. 5–6jährig ist dieser Keiler sicherlich auch.*

9   10  11

densverhütung – und altersreife »Erntekeiler« ideal zu verbinden. Bei der großflächigen und weiträumigen Lebensweise der Sauen geht das allerdings nur in entsprechend großen *Hegegemeinschaften,* in denen alle Jäger an einem Strang ziehen.

Erleichtert wird Schwarzwildhege in größeren Waldgebieten noch dadurch, daß dieses Wild für den Wald selbst weitgehend »unschädlich« ist (von Eichelsaaten einmal abgesehen). Durch sein Brechen im Boden sorgt es für erwünschte Bodendurchlüftung und Lockerung, und es vertilgt Forstschädlinge (Insektenlarven, Puppen, Mäuse).

## Gebiß und Gewaff

Am erlegten Stück bietet uns das Gebiß gewisse – allerdings recht beschränkte – Möglichkeiten, das Lebensalter zu schätzen.

Der *Zahnwechsel* ist mit 22–24 Monaten, also zu Ende des 2. Lebensjahres, beendet. Danach können wir – anders als bei den Wiederkäuern – *nicht* den Abschliff der Backenzahnreihe für die Altersschätzung heranziehen. Die andere Ernährungsweise der Sauen und die große Festigkeit dieser grobhöckerigen Mahlzähne lassen erst in sehr hohem Alter deutliche Abnützung erkennen.

Mit zunehmendem Alter ändern sich aber die Proportionen der *Eckzähne.* Diese haben »offene« Wurzeln und wachsen zeitlebens weiter, zum Ausgleich für die starke Abnützung (ähnlich wie die Nagezähne der Hasen und der Nagetiere). Die Eckzähne (Haken) der *Bache* bekommen mit zunehmendem Alter immer enger geschlossene Wurzeln – bei über 6–7jährigen Bachen ist die Wurzel praktisch geschlossen. Die größte Breite des Zahnes verlagert sich mit zunehmendem Alter vom unteren Drittel nach oben, gegen die »Schleifecke«.

*Keiler* behalten zeitlebens weit offene Wurzeln an den Waffen. Es ändern sich aber ebenfalls die Durchmesser, die wir an den *Gewehren* (Unterkiefer-Eckzähne) an der Wurzelbasis sowie oben an der »Schleifecke« messen. Daraus hat man eine Formel entwickelt (nach Brandt), die ein ungefähres Schätzen ermöglicht:

Wir teilen den Durchmesser der Wurzelbasis durch den Durchmesser an der Schleifecke (gemessen mit einer Schublehre in Millimeter). Das Ergebnis dieser Rechnung ist eine Zahl, die etwa zwischen 1,00 und 1,80 schwankt. Je näher der Wert bei 1 liegt, um so älter ist der Keiler (Werte um 1,80 entsprechen Überläufern, Werte um 1,50–1,20 2–4jährigen Keilern us.). – Dieses etwas umstrittene Rechnen bringt immerhin bessere Ergebnisse als die alte Faustregel: 1 cm Schleiffläche = 1 Lebensjahr.

Auf jeden Fall muß man dazu die Waffen aus dem Kiefer auslösen, in dem sie zu gut $^2/_3$ ihrer Länge stecken. Aber das tut der Erleger ja sowieso, zumindest bei mehr als zweijährigen Keilern, um sie als Erinnerungstrophäen aufzuheben.

# Literaturverzeichnis

Bayern, A. u. J. von, 1976: Über Rehe . . ., 2. Aufl. BLV Verlagsges., München.
Bubenik, Anton B. 1960: Rotwildzucht oder Hege auf biologischer Grundlage? Die Pirsch, H. 7.
Ders., 1965: Welches sind die Voraussetzungen für gute Geweihbildung? Die Pirsch, H. 11, 12, 13.
Ders., 1966: Das Geweih. Paul Parey, Hamburg.
Ders., 1970: Klassische Hege, klassischer Irrtum? Die Pirsch, H. 3.
Ders., 1971: Was sagt der Wildbiologe zur Schalenwildhege? Die Pirsch, H. 11.
Bützler, Wilfried, 1971: Rotwild. 2. Aufl. BLV Verlagsges., München.
Deutscher Jagdschutz-Verband e. V., DJV-Merkblätter: Rotwildalter, Rehwildalter, Damwildalter, Muffelwildalter, Das Rehwild [1977], Das Schwarzwild [1979].
Fuschlberger, Hans, 1955: Das Gamsbuch. 2. Aufl. F. C. Mayer, München.
Helemann, Walter, 1978: Um des Hirsches Kopf. Die Pirsch, H. 19.
Hennig, Rolf, 1962: Das Ansprechen und Bestätigen des Schalenwildes. F. C. Mayer, München.
Knaus, Werner und Wolfgang Schröder, 1975: Das Gamswild. Paul Parey, Hamburg.
Krebs, Herbert, 1976: Jung oder alt? 9. Aufl. BLV Verlagsges., München.
Ders., 1973: Schießen oder schonen? 2. Aufl. BLV Verlagsges., München.
Kurt, Fred, 1979: Rehwild. 2. Aufl. BLV Verlagsges., München.
Meile, Peter und A. B. Bubenik, 1977: Gamswild richtig ansprechen. Die Pirsch, H. 25.
Nüsslein, Fritz, 1977: Jagdkunde. 9. Aufl. BLV Verlagsges. München.
Raesfeld, F. von, bearb. Neuhaus, A. H. und K. Schaich, 1978: Das Rehwild. 8. Aufl. Paul Parey, Hamburg.
Ders. bearb. von F. Vorreyer, 1978: Das Rotwild. 8. Aufl. Paul Parey, Hamburg.
Schäfer, Ernst, 1979: Hegen und Ansprechen von Rehwild. 3. Aufl. BLV Verlagsges. München.
Stahl, Dietrich, 1979: Mehr Freude am Schwarzwild. Die Pirsch. H 6.
Türcke, F. und S. Schmincke, 1965: Das Muffelwild. Paul Parey, Hamburg.
Ueckermann, Erhard und Paul Hansen, 1968: Das Damwild. Paul Parey, Hamburg.
Ueckermann, Erhard, 1979: Damhirsche vom 1. Kopf mit mehrendigen Geweihen. Zeitschrift f. Jagdwissenschaft 1978, H. 2; Die Pirsch, H. 5.
Wacker, Franz, 1978: Altersbestimmung beim Schwarzwild. Die Pirsch, H. 3; und Verlag Dieter Hoffmann, Mainz.

## Bildnachweis

*Archiv:* Rotwild 25. – *Arndt:* Rehwild 22, 67, 68. – *Beck:* Gamswild 4. – *Behnke:* Rotwild 8, 14, 21, 37, 41, 39; Muffelwild 4. – *Bender:* Rehwild 18, 20, 21; Rotwild 2, 4, 6; Damwild 6; Muffelwild 3; Schwarzwild 6, 8. – *Blesch:* Rotwild 3. – *Bornschein:* Rehwild 63. – *Ctverak:* Rehwild 4, 7, 12, 15, 36, 38, 39, 40, 41, 42, 43, 44, 45, 46, 47, 48, 49, 50, 51, 52, 55, 56, 57, 58, 59, 62, 65, 66. Rotwild 1, 16, 19, 33, 35, 40; Gamswild 10; Schwarzwild 2, 10. – *Eisl:* Gamswild 6. – *Fein:* Rehwild 1; Rotwild 18, 36. – *Fuisting:* Rotwild 22, 27, 28, 29, 32. – *Gehrer:* Rehwild 5. – *Hageböck:* Rotwild 17. – *Hamacher:* Rehwild 14. – *Knaak:* Rotwild 42. – *Koller:* Rotwild 34. – *Krause:* Damwild 3. – *Krebs:* Damwild 7; Schwarzwild 3, 7. – *Kunst:* Rehwild 53; Rotwild 7. – *Maier:* Rehwild 2 b; Gamswild 9. – *Matula:* Rehwild 8; Rotwild 12, 38; Schwarzwild 5. – *Mayer:* Rehwild 64. – *Niesters:* Rehwild 19; Rotwild 44; Damwild 5; Muffelwild 2. – *Niestle:* Rehwild 23, 24, 25, 26, 27, 28. – *Nohles:* Rotwild 11, 15, 20, 26. – *Quedens:* Damwild 2. – *Rastl:* Rotwild 5, 30; Gamswild 1. – *Rautenstrauch:* Rehwild 2a. – *Reinhard:* Schwarzwild 11. – *Revierförsterei Elberndorf (Fuchshausen):* Rehwild 13. – *Rieck:* Rehwild 29, 30, 31, 32, 33, 34. – *Robl:* Rehwild 11, 54. – *Robot-Aufnahme:* Damwild 4. – *Roedle:* Rehwild 17. – *Rohdich:* Gamswild 2; Schwarzwild 1. – *Rohrmann:* Rehwild 6. – *Rossberg:* Rotwild 10. – *Sauer:* Rehwild 3. – *Schlunk:* Gamswild 5. – *Schmidt:* Rotwild 13, 23. – *Scholz:* Gamswild 1. – *Schrempp:* Rehwild 10, 35; Gamswild 3. – *Schröder:* Damwild 1. – *Schulze:* Rehwild 61. – *Schweinhammer:* Rehwild 60; Rotwild 9. – *Sittig:* Damwild 1; Schwarzwild 4. – *Thiermayer:* Rehwild 16. – *Tilgner:* Damwild 9. – *Tönges:* Rehwild 37, Muffelwild 1. – *Wacker:* Rotwild 31. – *Waibel:* Rehwild 9. – *Ziesler:* Gamswild 7. – *Zotter:* Rotwild 43; Schwarzwild 9.

Herbert Krebs
## Vor und nach der Jägerprüfung
unter Mitarbeit von Helmut Krebs

Das Lehrbuch zur Vorbereitung auf die Jägerprüfung und zum Nachschlagen. 1650 Prüfungsfragen mit Antworten und einführenden Texten. 42., überarbeitete Auflage, 403 Seiten, 16 Farbtafeln mit 125 Farbfotos, 328 s/w Fotos, 89 Zeichnungen

Fritz Nüßlein
## Jagdkunde
Neuausgabe unter Mitarbeit von Walter Helemann

Ein Standard-Lehrbuch zur Einführung in das Waidwerk mit einem Abriß über Umwelt- und Naturschutz, Landschaftspflege, Land- und Waldbau und über Fischerei. 10., völlig neubearbeitete Auflage, 384 Seiten, 8 Seiten Farbtafeln, 264 s/w Fotos, 80 Zeichnungen

Ernst Schäfer
## Hegen und Ansprechen von Rehwild

Alle Fragen der Rehwildhege in der Kulturlandschaft werden hier nach dem neuesten Stand der Wildbiologie und Hegepraxis behandelt. Das reicht von der Stammesgeschichte des Rehwildes bis zu Fragen der Erbmasse und Umwelt, von praktischen Hegemaßnahmen und neuzeitlicher Wildstandsbewirtschaftung bis zur kritischen Auseinandersetzung mit der herkömmlichen »Hege mit der Büchse«; von fundierten Ratschlägen für das richtige Ansprechen des Rehwildes bis zu zukunftsweisenden Ideen zur Erhaltung und Weiterentwicklung des Revierjagdsystems.
3., neubearbeitete Auflage, 218 Seiten, 68 Fotos

BLV Wildbiologie
Fred Kurt
## Rehwild

Beziehung zwischen Rehwild und Umwelt – Körperbau und Leistung – Das Geweih – Äsung – Brunft – Soziale Verständigungsweisen – Die Mutterfamilie – Die Sippe – Der Sprung – Tages- und Nachtaktivität – Feinde – Geschlechterverhältnis – Altersaufbau der Bestände mit Tabellen über Altersmerkmale – Bestandsveränderungen – Wildzählungen – Wildmarkierung – Erhaltung der Rehbestände.
3., durchgesehene Auflage, 174 Seiten, 25 Fotos, 18 Zeichnungen

BLV Verlagsgesellschaft
München